JN091021

みんなのねがいでつくる学校

奈良教育大学付属小学校 編
Elementary School,
Nara University of Education
川地亜弥子 解説

クリエイツかもがわ
CREATES KAMOGAWA

はじめに

不思議な学校？

奈良教育大学付属小学校を私が初めて訪れたのは大学に着任した年の6月、ゼミ生の教育実習授業参観のためでした。印象に残ったのは子どもたちが実にのびのびしていることでした。授業中も、実習生の問いかけに大勢が手を挙げ、自分を当ててほしいとアピール。当てられなくても自分の考えを話し出す子もいました。見る人によっては、いささか無秩序な印象をもたれるかもしれません。付属小学校は入学者を学力選抜ではなく抽籤だけで決めていますので、子どもたちの様子は公立の小学校と違いはないはずです。が、大学教員による調査で自己肯定感が他の調査事例に比べて高いと聞きました。それは、付属小学校が自己肯定感が高まっていくような環境をつくりだしていることを物語っています。

付属小学校で目にしたことの中には、なぜだろうと思うこともありました。が、それらはみな、然るべき考えを背景に行われていることに気づかされることばかりでした。例えば、授業の始めと終わりの起立・礼は行われていません。対照的だったのは、ある学生の母校での実習授業。チャイムが鳴ると学生がカウントダウンを始めました。子どもたちはいっせいに教科書・ノートなどを整え、カウントダウンが終わるまでに着席して姿勢を正します。なるほど、これなら休み時間から授業への切り替えは確実に行われます。しかし、私には子どもたちが号令で飼い慣らされているように思えてなりませんでした。

その時、付属小学校ではこうしたことがなくても、子どもが自分で授業に向かうようになっていくのを待っているのだと気づきました。より根底には、授業は子どもと教員がともにつくりあげていくものであることから、教えるものと教えられるものとの間で交わされるのが原義である礼を行わないという考えがあることに思い至ったのは、ずいぶん後のことでした。

子どものことではありませんが、付属小学校の先生方の中には、実習生の授業の際、教室の後ろから実習生の様子を見るのではなく、教室の前に置かれた教員用の机から、つまり実習生と同じ目線で授業に臨んでいる先生が結構おられます。これも私には不思議でした。が、複数の先生がそうされているのだから、何か理由があるのだろうと思っていたところ、ある授業で、実習生が発問すると、先生が子どもたちの様子を鋭く観察しておられることに気づきました。なるほど、大学教員は実習生が何をするかをその場ではじめて知るわけですが、先生方はそれを事前に把握されているわけですから、実習生の言動を追うよりも、実習生の言動に対する子どもたちの反応を、しかも実習生がとらえきれないそれを把握することが実習生の指導に資することになるのだとわかりました。

「子どものため」を耕す 「子どものため」から耕す

子どもとかかわる人であれば、誰もが「子どものため」という思いをもっていることでしょう（子どもを搾取の対象とする場合を除いて）。しかし、その思いを具体的な行為にしていこうとすると、それが本当に子どものためなのかということが議論となることがしばしばあります。そうなるのは、いくつかの要因が絡みあってのことですが、例えば以下のようなことが考えられます。

〈子どもをどう見るか〉これには、子どもという存在をいかなるものととらえるかというといういわば普遍的なことと、目の前の一人ひとりの子どものあり方をどうとらえるかという個別的なこととがありうるでしょう。

〈子どもにどうなっていってほしいか〉これは、子どもがどう変容していくことを希求するのかという理念と、その実現のためにどのような働きかけ・取り組みを行うのかという具体の両面から考えられるべきことでしょう。

〈子どもと社会との関係をどう考えるか〉これは、子どもがその中で生きている「いま」の社会をどうとらえるのか、さらには子どもが生きていく「未来」をどう描くのか。そして、子どもと「いま」及び「未来」の社会との関係をどうとらえ、展望するのかということが含まれるでしょう。

この3つのことは、それぞれに深甚なテーマですが、相互に深く結び合ってもいます。例えば、子どもたちが生きていく未来の社会を、AIの発達によって現在の職業の多くがそれに取って代わられると描くならば、そのような中で生き抜いていくためには、さまざまな「能力」を身につけなければならないことになるでしょう。なかでも、AIを使いこなすための「能力」は不可欠となり、小学校から全員にそのための教育を、となります。また、いま以上に世界規模での政治的・経済的競争が熾烈になることに重点を置いて未来を構想すれば、国際的競争に勝ち抜くための道具として、外国語の学習は欠かせないことになるでしょう。あるいは、個々人がさまざまな「能力」を身につけ、国際的競争に挑むといっても、それはあくまでも国民国家を維持・強化するためのものでなくてはならないと考えるならば、国民としてのあるべき姿を共有することこそ、学習・教育の根幹に据えられるべきこととなるでしょう。そしてこうした考えに立てば、子どもは期待される「能力」やあるべき姿を身につけていくべき存在とみなされ、それをどれだけ身につけたかによって子どもの成長・発達は測られることになるでしょう。

しかし、国民の多くがある「能力」を身につけるならば、その「能力」にはさしたる価値は見いだされなくなります。外国語を習得したとしても、それを用いて伝えたいこと、語り合いたいことをもたなければ、他者との意思疎通と理解が成り立つ余地はありません。いわんや、外国語を競争に勝つための道具と考えるなど、言語の本質をわきまえない暴論です。国民としてのあるべき姿を国家が注入することで「よい国民」、実は国家にとって都合のよい国民をつくってきたことの愚は、日本近代の歴史が明らかにしています。

にもかかわらず、ともすれば先述のような発想にとらわれがちになるのは、子どもの主体性や、主体性を有する子どもどうしの、あるいは大人との対話による学びを重んじるといいつつ、子どもにはその内に自ずからなる成長・発達へのねがい・要求があるということ、子どもをそうしたねがい・要求をもった主体としてとらえ、そのねがい・要求の実現によって子どもの成長・発達を促すという認識が十分ではないからではないでしょうか。

以前であれば、日本史を専門にする私が、専門ではない教育にかかわって以上のようなことを述べるのは控えていました。が、あえてここまで述べ来たったのは、2015年度から6年間、付属小学校の先生方の日々の取り組みと、それを形づくるための探究と議論に触れる中で、付属小学校が大切にしてきたものについて私なりに理解を深めるとともに、それが時代や状況を越えた普遍性を有することに気づいたからです。そしてなによりも、6年間を通じて子どものようすを見届けることができたことで、子どもの内にある成長・発達への子ども自身の希求に触れることができたからです。

私が奈良教育大学に着任したのは1997年でした。それから今日まで、ひたすら「改革」のかけ声のもと、大学、とりわけその教育については変わることだけが求められてきたように思います。歴史の研究に携わるものとして、歴史が変化の積み重ねであることは承知しています。変化なくしては人類とその社会の存続と発展はありえません。しかし、変わることそのことだけが至上命題になっているのではないかとさえ思われる昨今の風潮と、変化の動因とされる未来の展望への違和感から、私はいまこそ立ち止まって来し方・行く末をじっくり考えるべきではないかとの感を年々強くしています。変わるべきこととともに、変えてはならないことを見極めることができなければ、私たちは時の流れの坩堝の中に飲み込まれていくだけです。

付属小学校の営みについて、大学の教員から「古い」との声を聞くことがあります。しかし、それは付属小学校が普遍をふまえた実践に取り組んでいるからであり、付属小学校の実践が不変だからではありません。本書では、そうした付属小学校の近年の営みを紹介しています。そこに変えてはならない普遍と、目の前の子どもの実態をふまえて変えていくべきところを読み取っていただき、読者のお一人お一人が「子どものため」を「子どものため」から耕していただくきっかけとなることを願っています。

（奈良教育大学　**今　正秀**）

＊文中に登場する子どもの名前は仮名です

第1章
みんなのねがい

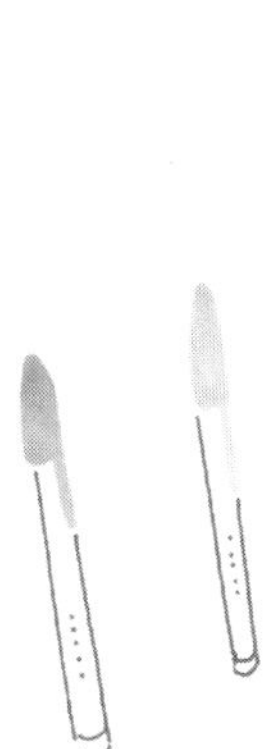

1 子どもたちのねがい、おうちの方のねがい、そして私たちのねがい

忘れたくないことばがあります。

「授業がさびしい」

卒業生のまなさんが、小学校に遊びに来て話してくれました。

「今はクラスのみんながどんなふうに思って何を考えているのかわからへんねん。一緒の教室にいるんだけど。〝答え〟だけしかわからなくて」

答えだけしかわからない。まなさんは、何をわかりたかったのでしょうか。授業に、学びにどんなねがいをもっていたのでしょうか。

2年生の担任をしていたとき、おうちの方に「先生、いつ競争社会に乗せたらいいですか」と相談されたことも思い出します。今はまだ小さいからのびのび育てたらいいとわかるけれど、いつかは競争の流れに乗せなければならない、人と違うことはできないと。競争に打ち勝つための土台となる力を学校でつけてほしいとも言われました。その方も、きっと子どもが競争に打ち勝って、人を蹴落として、生きていくことをねがっているわけではないと思うのです。でも、この社会に希望をもてなくて、子どもの育ちを信じられなくなっているのでしょう。

おうちの方の本当のねがいは何だろう、と考えます。

そして、私たち教員のねがいは何でしょう。

そう考えたとき、すぐに答えられない自分がいます。目の前の子どもたちにどうなってほしいのか。どんな教育をしたいのか。そのために、どんな授業をしたいのか。

国語の授業を例に考えてみたいと思います。国語では、文学作品を読むことが削減されてきました。一つの物語をじっくり読んで、お互いの読みを交流し、クラスみんなで作品の世界にことばを通して浸るというような読みの授業は「古い」と言われることが多くなりました。最近は、プレゼンテーションをする力を求められるようになっています。でも、と立ち止まります。私たちは、子どもたちがプレゼンテーションをできるようにしたいのでしょうか。プレゼンテーションは、方法です。相手にどうしても伝えたいことがあれば、方法はいくらでも工夫するはずです。私は、方法をひたすらに教え体験させるのではなく、どうしても人に伝えたいと強く思えることを自身で見つけられるようにしたいと思うのです。そのためには、心を動かす体験をたくさんさせてあげたい、人とつながりたいというねがいをもてたらいいな、友だちの意見に出会う力が必要だな、など次から次へとたくさん子どもたちの学びへの思いが出てきます。私の授業づくりへのねがいはこういうことだなと自覚し、またねがいがあふれる自分に安心もします。

どんどんと教育現場に押し付けられるもの。嵐のようです。外国語の教科化、道徳の特別の教科化、プログラミング教育、アクティブラーニング、個別最適化、キャリアパスポート、ＧＩＧＡスクール構想など、キリがありません。1年前に大事だと言われていたことが、次の年には全く違うことを大事にするように言われることも日常です。また、全国学力・学習状況調査や学校評価、教員評価など、私たちは管理され評価の目にさらされています。そんな中で、教員一人ひとりがねがいをもちにくくされているのではないでしょうか。ねがいを自覚する余裕すらないのではないでしょうか。ひたすらにこなす日々にさせられているように思います。

2 この社会の中で

大人がねがいをもちにくい社会の中で、子どもたちはどんどん追い詰められていきます。私は、それを中学受験で目の当たりにしました。受験が近づくにつれて、子どもたちは不安定になっていきました。

12／19　　——あき（6年）

今日、じゅくに2時から行きました。2～4時まで自習して、4時～4時20分は質問タイムで、5時～6時30分まで授業で、そのあと8時まで自習していました。

私が○○中に入りたかったのは、テニス部があることと、SSH（スーパーサイエンスハイスクール）に指定されていることと、国際交流をしていることがあるからです。特に、国際交流が一番いいと思う。○○中では、韓国の人と韓国で会い、英語で活動しスピーチしたりします。私は英語できないけど、世界に出て行動することがしてみたいし、様々な国の特色を知りたいからです。

まぁそんなわけで、5年の3学期からじゅくに入っていますが楽しいです。自習とかしている間に、8人くらい友だちが増えてさらに楽しいです。テストに追われるときもあるけど、敵だと思っている人と同じだったり勝っていたりすると、すごくうれしいです。じゅくは時間がなくなっていくものだと思いがちだけど、ひまな時間を意味のある時間に少しは変わったと思います。おおみそかの前に合宿に行く子も大勢いますが、合宿で強くなって帰ってくる人を打ちのめさないといけないし、まだ私の学力ではいけないし、先生が書く成績調査書も気になるし（見たらダメだから見れへんけど）、いろいろあるけど、あと40日くらいがんばって、○○中合格に少しでもいいから近づきたいです。

あきさんは、一緒に学ぶ塾のなかまを「敵」と表現しています。学校での様子も変わっていきました。友だちに当たり散らしたり、授業中私の話や友だちの発言にずっとブツブツと文句を言ったり。周りの友だちはどんどんと離れていき、「関わらないほうがいい」と避けるようになっていきました。あきさんもそれを望んでいるようにふるまいました。そんなふうにあきさんが追い詰められることがつらくて、おうちの方に話してみたのですが、「子どもが受験したいって言うんです」と言われました。

りえさんも、受験を目指して塾に通っていました。クラスのムードメーカーです。友だちが大好きで、授業中もたくさん発言をします。学活や国語での話し合いを特に楽しむ子でした。「みんなの意見聞くのが楽しい」とよく言っていました。ですが、受験勉強が進むうちにだんだん明るさを失っていきました。りえさんと話をしてみると、もうやめたいけれど、塾や模擬試験にお金をたくさん使ってもらったから仕方がないと言うのです。りえさんと相談をして、個人懇談のときに受験をやめられないか、私からおうちの方にお願いをしてみました。

――りえ（6年）

12／17「受験」

私は受験したいと自分から言いました。お母さんたちが
「したいんやったらやりや」

って言ってくれました。初めは勉強も頑張ってました。でも途中から
（めんどくさい）

そう思うようになりました。そのまた途中からは、

（受験したくない）

とまで思うようになりました。そのくらいいやで、しんどかったです。学校で受験の話を聞くのもいややし、みんなに受験するということを知られたくなかったから、いつものようにしてると、その「少し」のちがいに気づいてくれる人もいて、

「元気ない。いややったらいいんじゃない？」

とやらなくてもいいと言ってくれる人もいました。でも、お金払ってもらってるし、自分がやりたいと思ってしたことと思って
「大丈夫」

と自分に言い聞かせるようにみんなに言いました。受験したい理由もわからないし、今自分が受験す

る中学校に行きたいんかもわかりませんでした。

お父さんが、受験すると言って半年もたたない時期に
「元気ないで。無理してすることない」

って言ってくれました。でもやっぱり言えませんでした。

それで、12月のこんだんの後、

「受験したいん？　お金のことで引くに引けへんとかで受けるって言ってんねんやったら気にせんでいいで」

お父さん、お母さんが言ってくれました。本当はやめたいけど言えないと思いました。でも、

「他の中学校の紙見てるときの方がいきいきしてる」

とお父さんに言われて、受験する中学校は行きたくないし、自分が行きたい所に行かないと意味がない。そんなふうに思えました。

「んじゃ受験せんとく」

声がふるえました。本当に一言言うのに、こんなにきんちょうするんやと思いました。でも、その瞬間肩や背中が軽くなって、「いつもの自分」に戻れた感じがしました。

やっぱり気づかないうちにしんどくなって、元気がなくなっていって。そういう風になるんだと思いました。受験すると言ってないと知らないこともあったから、受験自体を悪いとは思ってないけど、やっぱりその人からしたらしんどいし、何のためにやってるのかわからなくなります。

一つの経験として「受験する」ってことがあるかも知れんけど、一つの経験として「受験をやめる」

ということもあるとわかりました。みんなに感謝したいです。

りえさんは、「自分から受験をすると言った」そうです。なので、おうちの方は「自分がやると言ったことをやり遂げさせないと、この子のためにならない」「あきらめずやりぬく子になってほしい」とおっしゃっていました。なぜりえさんが受験をすると言ったと思いますかと聞いてみると、「中高一貫教育だから6年間ゆったりと過ごせるし、附中に行ったら内申点が取れないからと言っていました」と話してくれました。りえさんが受験の何を知っているのでしょうか。その情報はどこから来たのでしょうか。子どもたちに受験に向かわせるために、おうちの方や塾があおることば。そのことばの意味もわからず、教室でそんな話が、不安や焦りを誘発するように飛び交っているのです。ああ、こうやって大人に言われているのだろうなということばもよく耳にします。

りえさんのおうちの方は、個人懇談の後に受験をやめるという決断をされました。これはとても珍しいケースです。一度乗ったレールから外れるのは難しいのです。ですが、りえさんは受験をやめて自分を取り戻すことができました。以前のように明るく笑うようになりました。クラスのみんなのことを気にし、いろんな子に声をかけ、気をくばっていました。受験をやめる日記は、休み時間に書いたものです。「これから担任する子が、受験に苦しんでたら読ませてあげて。その親にもちゃんと読ませてや！」と言って、コツコツと書いて私に託してくれました。また、卒業のときには、『かんたんなようでとてもむずかしい生きてること。』という、「生きること」を見つめた詩を書いて手作りの本にし、プレゼントしてくれました。いろんな人にはたらきかけて、つながって、やりきって卒業していきました。

一方であきさんは、志望校には不合格でした。明らかに傷ついていました。でも、その傷つきを何もことばにしませんでした。できなかったのだと思います。そのときには、友だちはみんな離れてしまっていました。戻ってきたあきさんをクラスのみんなは受け入れていましたが、あきさんもみんなも本音を出し切れないままの卒業だったように思います。

おうちの方も子どもたちも、「今」を信じられないのだと思います。

大人にとっても子どもにとっても生きづらい世の中にどんどんなっています。その背景には競争や管理が強化され、貧困と格差を拡大する新自由主義にそった施策があります。非正規雇用は増える一方です。すべてのことは「自己責任」とされます。その生きづらい社会は、「コロナ禍」でますます浮き彫りにされました。「自助、共助、公助」という首相のことばに、社会の構造が表れています。ひとつ間違えば、誰も助けてくれない、取り返しがつかないという緊張感の中での子育てでしょう。

「今」の積み重ねが、子どもたちの人生の土台です。すぐに役立つことばかりを短絡的に見るのではなく、長い人生の中で大切なことをともに考えたいと思っても、その状況の中では、なかなか理解し合うことができません。教育も個人の責任とされてしまうのです。この社会の閉塞感の中で、受験や競争に走ることの先に〝希望〟を見るしかないのだと思います。

3 「人間」を育てる

先にふれたまなさんのことばについて考えてみたいと思います。私は5、6年と持ち上がりで担任しました。一緒に悩んで苦しんで、何とかまなさんが自分自身に向き合っていく過程を支えた2年間でした。そのもがきの中で、6年生になって初めて発達障害があるということも見えてきたのです。おとなしくて「優等生」と言われてきたまなさんの姿からは、私も含めて今まで誰も気づけませんでした。6年生の一学期はみんなと関わるのが怖くなって、学校に来ることができませんでした。毎朝ランドセルを背負って玄関で「学校に行きたい」でも「みんなが嫌だ」と大泣きしていたそうです。相手の行動の意味が理解できなくて悩む日々。自分と相手が違うことを理解するまでずいぶん時間を要しました。違いがあるからこそ学びがあるのだと何度話し合ったでしょう。そんなまなさんが、卒業して「授業がさびしい」と言うのです。「みんな」と学ぶことが、まなさんにとっての授業の意味になったのだろうと思います。

6年生の2学期の終わりに国語の授業で『ぼくの世界　君の世界』（西研）を読みました。まなさんは次のような感想を書きました。

　私が好きな歌詞の中で、「口を開かなければわからない　思ってるだけでは伝わらない　なんて面倒くさい生き物でしょう　人間というのは」というのがあって、そしてこの話を読んで同じようなことが書いていて、びっくりしました。

国語はみんなの言葉が必要だけど、手を挙げて発表して、それで「自分の考え」や「あの子の考え」「その子の考え」でたくさんになって…。だから、国語も心を伝えあっていると思う。努力をしなければ、手を挙げたり発表したりしないし…。

「なあちょっと聞いてやー！」とか「昨日のドラマ見た？」とか、この教室では朝も昼もそうじの時も給食も、もちろん授業のときも、いろんな話があって、それは「努力」じゃなくて「人間」だと思う。努力は意識してないし、「えー！　そうなんやぁ！　すごいやーん！」とそれに返すのも、そこでちょっと笑いとったり、つっこんでみたり…。それが人間かな？と私は思いました。人見知りとかでも、お母さんやお父さんに話せたりするやろうし、「あっ！　この人たちとしゃべれんねんや！」と思えるのも「会話」のおかげになるやろうし、人間に会話があるから「人間」だと思う。

1学期に「みんなが嫌だ」と言って学校に来ることができなくなったまなさん。そのまなさんは授業の中で「みんなの言葉が必要」だと実感したのだと思います。「自分の考え」「あの子の考え」「その子の考え」、それぞれ違う〈他者〉であり、お互いのことばや考えに出会いながら学んでいきます。そんな学びが「さびしく」ないものであり、まなさんのねがいでしょう。そして、会話のある「人間」でありたいというねがいに、私ははっとさせられました。

私たちは、「人間」を育てています。人格の完成をめざしています。

2000年に三浦朱門がジャーナリストの斎藤貴男に語った「できん者はできんままでけっこう。戦後五十年、落ちこぼれの底辺を上げることばかりに注いできた労力を、これからはできる者を限りなく伸ばすことに振り向ける。百人に一人でいい、やがて彼らが国を引っ張っていきます。限りなくできない非才、無才には、せめて実直な精神だけを養っておいてもらえればいいんです。」（『教育改革と新自由主義』斎藤貴男、子どもの未来社）ということばに表されるように、教育を社会に役立つ人材を育てる場にしようという動きがあります。競争の末に、一部のエリートと、そのエリートの言うことを素直に聞く労働者に切り分けるという考え。そうなっていないか、問い続けなければなりません。その発言から20年以上経った今、それが明確に否定される社会になっているとは思えないのです。

「人間」を育てるために、私たちはどんな教育をするのか。「人間」の社会がゆたかになるとはどういうことか。考え続けていきたいと思います。

4 子どものために

「Society 5.0」について声高に言われるようになりました。社会が変わるから、その社会に合わせるような力をつけていかないといけないのだそうです。そもそも、その考え自体に疑問が生まれます。社会は合わせるものでも従うものでもなく、つくっていくものです。それが、民主主義の社会です。

私たちは、みんなが生きやすい社会をつくっていく「人間」を育てているのです。その社会は多様性に充ちていて、一人ひとりが尊重されます。

私たちは、「子どものため」の授業づくりを考えてきました。その「子どものため」は人によって違うでしょう。「子どものため」ということばの中身を言語化し、本当に「子どものため」なのかを追求し、授業と教育課程をつくってきました。

子どもの認識の発達をふまえ、教科の特性をいかしながら授業づくりを進めてきました。どの子も学ぶ価値のある教材で授業をすることで、子どもたちはいきいきと学ぶことができます。それは、一人では決してできません。なかまの中で、なかまとともに学ぶことで生み出されます。まなさんの言う「みんなの声」があふれます。それらの声は多様で、子どもたち一人ひとりがその考えに出会っていきます。なかまとつながりながら学ぶこと、学ぶことでさらにつながっていくこと。このいとなみが授業だと考えています。そして、そんな授業をつくることこそが、私たちのねがいです。

こうやって、「子どものため」を追求してきた私たちの実践をこの本におさめました。教科の学習と教科外の学習。それぞれの特性をいかしながら、みんなで学ぶことを追い求めています。また、それらの学習の根底には、特別支援教育があります。発達のまなざしをもつことは、授業づくりに欠かせません。第2章は、低学年・中学年・高学年というそれぞれの発達段階での教科教育の実践です。体育、理科、算数で語ります。第3章では、教科外教育について書きました。教科外教育から、私たちの生きる社会についても考えてみます。そして、第4章は特別支援教育についてです。通常学級での特別なニーズをもつ子どもたちの教育と、特別支援学級での教育、両方とりあげています。授業づくりの土台となる考えです。

意識していることは、子どもの学びの事実を語ることです。それは、私たち子どもに日々向き合う教員だからこそできることであり、大切なことだと信じています。私たち一人ひとりが教育を語ることばをもつことこそが、困難な今の時代に必要なことだと思っています。

（入澤　佳菜）

第2章

教科教育

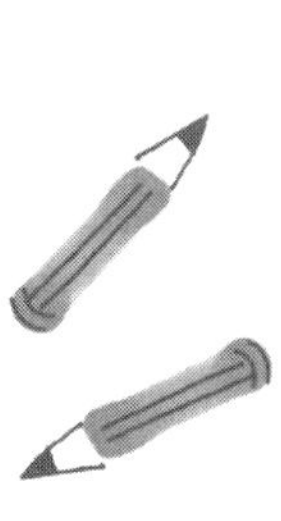

みんなで「わかってできる」をめざして

2年「鉄棒運動」の授業づくり

低学年 体育 1

1 子どもたちのねがい

ある日の鉄棒の授業で「さか上がり」にとりくむとします。「できないから」と、鉄棒にぶら下がろうともしない子。一方で、「もうできるから」と別の技に挑戦しようとしている子。その他にも、「もう少しでできそうだから」とアドバイスを求める子、何度やっても同じところでつまずいている子…。そのような子どもたちが目の前にいるなかで、何をみんなで学ばせたらよいのでしょう。鉄棒の授業に限ったことではありません。運動が得意、不得意。できている、できていない…。様々な子どもたちがいるなかで、体育でどんな力をつけさせていけばいいのでしょうか。

ここ十数年の間に、くらしは便利になりました。体を使わなくてもよい便利な環境に適応することで、子どもたちの身体の発達には何らかの影響が出ているのではないかと感じることもあります。そうであったとき、子どもたちの権利が後退しているととらえることもできるでしょう。また、近年は地域の公園から遊具が姿を消し、ボールを使った遊びは禁止されているところも多く目にします。子どもたちが思いきり体を動かす「空間」がなくなってきています。さらに、放課後の子どもたちは〝忙しく〟なっています。日替わりで何種類かの習い事に通う子も多く、ゆっくりと遊ぶ「時間」、そして遊ぶ「なかま」も少なくなっているように感じます。このような状況の中で、体を動かすのは学校だけ、体育の時間だけとなっている子どもも多くいます。

体育の時間になると、運動が得意な子も苦手な子も、運動が好きな子も嫌いな子も、体そう服に着替え、運動場・体育館にやってきます。どんな子たちも、「できるようになりたい」「上手になりたい」「思いきり体を動かしたい」…はっきりとはしていないかもしれませんが、ねがいをもってやってきます。そんな子どもたちのねがいにこたえたいと、授業のたびに強く思います。ねがいにこたえていくことが、子どもたちの身体の発達を促し、権利水準を高めることになると考えるからです。また、子どもたちの「もっとできるように」「もっとうまく」という主体的な姿にもつながっていくからです。だからこそ、学校体育で何をこそ学ばせ、どんな力をつけていくのか。さらには、体育科の役割とは何なのかを考え、日々の授業づくりをしていくことが必要なのだと思います。

2　体育の授業でつけたい力

身体活動を伴う体育は、子どもの身体の発達を促す役割を担っています。身体の発達を促すとは、言い換えれば「できる」ようにしていくことになります。ただし、単にトレーニングをするように学習を積めばいいということではありません。また、身体の発達とともに、促していくべきものがあると考えています。

本校では、「できる」ということだけでなく、認識面への働きかけによって、「わかる」ことも大事にしたいと考えています。どうすれば上達するかが「わかる」ということは、自分の運動に対して見通しや期待をもってとりくむことにつながります。またその「わかる」中身が技術として正しく、科学的であれば、確実に「できる」に向かっていきます。体育の授業では、このように「わかる」と「できる」をつないでいくことが必要であると考えています。

「わかる」にはいろいろなとらえがあります。例えば、鉄棒の『さか上がり』で必要な技術をイメージしてみてください。「体を引きつける」「足を後方に蹴り上げる」などの技術があります。この技術を子どもたちに伝えることで、「できる」ようになる場合もあるでしょう。ですが、そうなるのはほんのわずかです。技術を情報としてわかっても、「できる」につなげていくには難しさがあると、子どもたちの姿を見てきて思うのです。今は、インターネットにアクセスすれば、『さか上がり』に関わる大量の動画や情報を手に入れることができます。その情報を得ることが、「わかる」とするならば、体育の授業はいらないでしょう。身体活動を伴う体育だからこその「わかる」があるように思います。

技術を情報として知る、または学習を進めながらその技術に気づいていくということは大事なことです。その先に、運動とのやりとりを介した、「わかる」という段階をつくっていくことが必要なのだと、今のところは考えています。先ほどの「体を引きつける」ということを意識してやってみて、新たに気づくこと、うまくいかないこと…。それらを、子どもたちのことばにしていく過程、〝みんなのもの〟にしていく過程が必要なのだと思います。情報と運動との行き来、運動（題材）と自分自身とのやりとりは、「できる」につながっていくと考えています。

このように、身体と認識の両面に働きかけることによって、どの子の「わかる」と「できる」もつないでいく、すなわち「わかってできる」ようになることを、私たちは体育の授業でめざしています。「わかってできる」授業づくりを進め、子どもの成長・発達を促すことが体育の目標であり役割であると考えています。

3 体育科の系統

体育科は同じ運動領域をくり返し学習するところに特性があります。同じ運動領域をくり返し学習させるということは、子どもが学習したことをいかに積み上げていくか、つまり一つひとつの単元が単発にならないように系統的な学習が展開できるかが重要になります。そのため、どの運動領域においても6年間で系統立てたカリキュラムをつくり、目の前の子どもたちがどのように「わかってできる」ようになっていくかを考えています（小畑ら、2012）。

このときに考慮しておきたいことは子どもの身体と認識の発達段階です。身体の発達については、感覚や器用さ、調整力に関わる神経系の発育する時期（低学年の時期）に、その発育を促すような多様な運動を経験することを大事にしています。また、認識面では具体から抽象へと認識が発達する中学年から高学年の時期に、体を動かすだけでなく、考えながら運動をすることも大事にしています（表1）。このように、子どもの身体と認識の発達段階を考慮しながら、系統的なカリキュラムづくりを進めていくとき、子どもの発達を「促す」あるいは、「引き上げる」という視点をもって学習していくことも必要だと考えています。

4 2年「鉄棒運動」の授業づくり

(1) 器械運動の系統

ここからは、器械運動の系統と、具体的に低学年の「鉄棒運動」の実践を紹介したいと思います。

器械運動は、鉄棒や跳び箱、マットなどの器械（器具）を使うことによって、感覚や力を身につけさせる運動といえます。例えば、「逆さになる感覚」や「バランス感覚」「回転する感覚」「振動させる感覚」「体をしめる感覚」「体を引きつける力」「腕で体を支える力」などがあります。これらは、日常の生活をしている中では高めたり、身につけたりしていくことが難しい非日常的なものであるため、授業を通して高めていくことが体育の役割の一つであるといえます。

また器械運動は、「自分自身のからだに意識を向けさせ、自分の意志でからだ全体をコントロールする能力を養うことのできる教材」であるといわれています（高橋、１９９８）。したがって、「技」を学ばせるのではなく、「技」を通して非日常的な感覚や力を高めさせたり、身につけさせたりしながら、自分

(表1) 身体と認識の発達段階を考慮した運動のとらえ

1年	多様な動き、豊富な運動量 感覚的・経験的
2年	
3年	
4年	
5年	よい動き・動きの統合 科学的・理論的
6年	

が意識したようにに体を動かせるようにしていくことが、器械運動で学ばせたいこととなります。

「逆さになる」「回転する」などの感覚変化の体験は、器械運動のおもしろさの一つともいえます。神経系の発育する低学年の時期に、うんと経験させてあげたいことです。一方で、感覚変化は子どもの恐怖心につながる側面もあります。そのため、はじめから難しい技にとりくむのではなく、類似の易しい運動遊びによって、その感覚を身につけたり、技をスモールステップ化して系統的に学習したりしていくことを大事にしています。また、中学年から高学年にかけての時期は、運動力学等の科学性も意識しながらとりくむことで、身体・認識の発達を促せる時期でもあると考えています。より意識的に体を動かすことをめざして、授業づくりを進めています（表2）。

《表2》本校の器械運動の系統

1年 2年	器械・器具を使って多様な動きを出現させ、基礎的な感覚や技能の獲得をめざす
3年 4年	器械運動の技をスモールステップ化して段階的な技能の獲得をめざす
5年 6年	正しい技術の理解をもとに意識的に体を動かすことで技能の獲得の発展をめざす

(2) みんなで「わかる」「できる」をめざして

「わたしは、てつぼうでなにもできなくて、てつぼうをやろうともおもわなかった…」

2年生の最後に書いた作文「1年間のがんばり」。その中にある、めぐみさんの一文です。

鉄棒の簡単な課題でも、体に必要以上に力が入り、動けなくなってしまうめぐみさん。「てつぼうでなにもできない」と思うくらい、鉄棒に対する苦手意識がありました。めぐみさんだけではありません。ななこさんもその一人でした。

怖いし、痛いし…。子どもたちのなかで、あまりいいイメージのない「鉄棒」。小さい頃の経験の不足もあるかもしれませんが、それよりも「落ちる」「痛い」という経験や、イメージが先行してしまっているようにも思います。めぐみさんや、ななこさんの姿からもそのように感じました。この子たちを含めたクラスのどの子もが多様な運動、感覚を体験し、「できた」「わかった」をたくさん経験できるように授業づくりを進めたいと思いました。その過程で、「できるようになりたい」「うまくなりたい」というねがいをはっきりさせていけたらいいと思いました。

いろんな運動にチャレンジ

先にも述べたように、低学年の時期には多様な運動にとりくませながら、感覚や力を高めていきます。低学年で使う学習カードには、「逆さになる感覚」「ぶら下がる感覚」「回転する感覚」「腕で体を支える力」など、多様な感覚や力が高められるような運動を載せています。

子どもたちは、1年のときにも「鉄棒運動」にとりくんでいます。ですから、大半の子はカードに載っている運動を思い出しながら、楽しんでいる様子でした。もちろん、1年のときに学習をして以来、1年ぶりに鉄棒を触るという子もいて、『ふとんほし』などのように、逆さになることを最初は怖がる子もいました。それでも、順番がくるとチャレンジして、ゆっくりとできるようになっていきました。

一方で、チャレンジすることすら避けていたのが先ほどの二人。「怖い」という

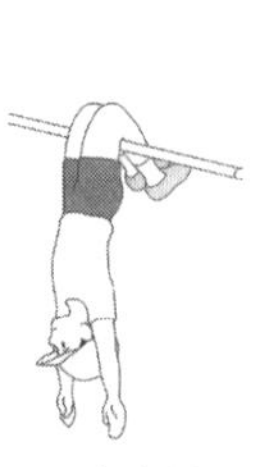
こうもり

かたておさるさん

みのむし

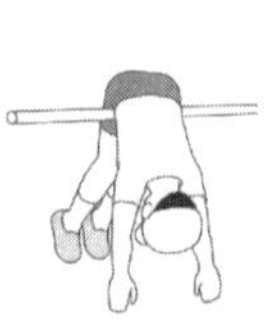
ふとんほし

ことをしきりにうったえていました。逆さになる姿勢や手を離すことが怖い、またそうなることが想像もつかない様子でした。『ふとんほし』もその一つです。体を支えてあげて、ほんの少し上半身を倒す…「さっきより倒れてる」と声をかけ…をくり返し、ようやく腰を折れるようになったのが、めぐみさん。手は放せませんが、今までよりも自分ができるようになっていることがわかるので、うれしそうでした。「一人でやってみる」と、しだいに前向きにチャレンジするようになっていきました。そして、何度か補助をしたりしながら、一人で腰を折ることができるように。グループの子と、「できた！」と声をあげて喜んでいました。「怖さ」がなくなり、腰を折って手を離してぶら下がることもできるようになりました。授業後の中休みも引き続いて鉄棒をするほどでした。

今日、二時間目に体いくがありました。ふとんほしを、さいしょにやったけど、ふとんほしがこわくて、できなかった。けど、中休みもれんしゅうして、まえまわりまでできるようになったから、おもしろかった。

――めぐみ

一つ怖さをのりこえて、チャレンジして、「もっとできるように」という思いが出てきためぐみさん。一気に『前回りおり』までできるように。『逆さになる感覚』が高まることで、一つ先の運動にもつながっていくことがよくわかります。

次の体育。めぐみさんは前向きに技にチャレンジしていきます。もちろん、『ふとんほし』も『前回りおり』も安定してできるようになっていました。この前まで、一緒に怖がっていためぐみさんの一変した姿をみて、ななこさんにもスイッチが入ったようでした。「もってくれへん?」と自分から補助を求めてきました。めぐみさんの姿を目にして、「私も」という思いがはっきりしてきたのかもしれません。「これはチャンス」とばかりに、その時間は主にななこさんについて補助をすることにしました。まだまだ、力は入ってはいましたが、腰を折って、なんとか『ふとんほし』のかたちになっていきました。やりながら、「ここは痛くないねんなあ」と腰をかけても痛くない場所があることにも気づいたようでした。そして、めぐみさんのときと同じように、「次は持たんといてな。見とくだけにしといてな」と、自分一人でチャレンジするようになりました。少しずつステップを踏みながら、ななこさんのペースで感覚を高めていっているということがわかりました。

次の時間は、『こうもり』という運動を中心にとりくみました。これも逆さになる運動ですが、『ふとんほし』とは違い、脚で鉄棒を挟んでぶら下がらなければなりません。腕や腰で支えていたときとは違い、子どもたちにはより「落ちる」という「怖さ」がつきまといます。そのため、前時までに『こうもり』よりも簡単な逆さになる運動(『みのむし』『かたておさるさん』など)にもとりくんでいました。予想していたよりも怖がる子は少なく、何度もチャレンジして、その感覚に慣れていきました。慣れてくると、ぶら下がったままグループの子とジャンケンをしたり、手を振ったりという子も出てくるようになりました。

めぐみさん、ななこさんにとっては、また難しい課題のように思えましたが、みんなと同じように足をかけ、逆さになるまではできました。その先の手を離すことには抵抗があったので、足をどのようにかけると体を支えられるのかということを、補助してもらいながら、ゆっくりと確かめていきました。

今日は、てつぼうでこうもりができるようになりました。てつぼうにあしをのせて、手をはなしたらできるようになった。うれしかったです。こうもりブランコもできるようになりたいです。いっぱいれんしゅうしていきたいです。

――ななこ

「こうしたらいいんだ」という見通しができてくると、補助なしでチャレンジするようになったななこさん。できるようになって、さらに『こうもりブランコ』もできるようになりたいという思いももてました。できることが一つ増えることで、「もっと」という主体的な姿が出てくるのだということを、改めて感じました。

このように、前半はゆっくりと時間をかけて、多様な感覚や力を高めながら、たくさん成功体験を重ねさせるということを中心に進めました。個々でのとりくみに見えますが、なかまがいることで「自分も」という思いが高まっていくということも感じました。

〝2年生の〟『さか上がり』

2年生でとりくむ運動に『さか上がり』があります。「体を引きつける力」「回転する感覚」などを体験させ、学ばせることができます。『さか上がり』は、子どもたちが最初に出会う難しい運動です。できる・できないがはっきりするため、鉄棒が「嫌い」と答える理由には「さか上がりができないから」があがります。

「鉄棒運動」の技の体系からみると、『さか上がり』自体はあまり重要とはいえません。「発展性のある技とはいえず、わずかに後方支持回転との関連性が認められる程度で、あくまでも一つの上がり技として位置づけるべき」（高橋、２００９）という指摘もあります。けれど、『さか上がり』は子どもたちにとって特別で、子どもたちが「できるようになりたい」と思う技の一つです。

『さか上がり』ができない子の多くは、力の抜き入れがわからず、体のあらゆる部分に力を入れて解決しようとする傾向がみられます。できない子に「がんばれ。がんばれ」「もう少し」と声をかけ、何度も何度も同じ失敗をくり返させることは、「できなくなる」力や感覚をつけることになっている場合もあります。

したがって、〝2年生の〟『さか上がり』は、『さか上がり』を通して「体を引きつける力」や「回転する感覚」などの力や感覚を高めていくことに重点をおき、そこで感じたことを言語化させていきます。そして、中学年以降で『さか上がり』にとりくむときに、「どこを意識するのか」に傾斜をかけて技術に迫っていくようにしています。

タオルで『さか上がり』

どの子もが『さか上がり』を通して、力や感覚を高めるためには、「回転できる」ことを保障してあげる必要があります。そのために、「坂」や「ベルト」といった器具・用具がありますが、2年生で使うには重い、着脱に時間がかかるという面もあります。そこで、はじめの方ではタオルを使ってとりくませるようにしています。写真のように、タオルを腰にまわし、

両端を鉄棒と一緒に手でもつだけで準備を整えることができます。あとは後ろに倒れる動作をするだけで、誰でも簡単に回転することができます。

後ろに倒れるだけですので、どの子も恐怖心なくとりくんでいくことができました。すでに、『さか上がり』ができている子も、クルクルと何回も回転する感覚が味わえるので、楽しんでいるようでした。今まで『さか上がり』ができなかった子、したことがなかった子も簡単に回れてしまうので、1回転するとびっくりしたような表情をしていました。今までに感じたことのない、「回転する感覚」を味わえたのだと思います。

みんなが慣れてきたところで、太鼓のリズムにあわせて、シンクロしながら『さか上がり』にチャレンジしました。「トン」という音を合図に、脚を蹴り上げて回転運動を始めます。1回1回、音に合わせながら、「蹴り上げる」「体を引きつける」「回転する」という力や感覚を高めていくようにしました。

たくさん経験したところで、「回っているとき、どんな感じがした？」と子どもたちに問うと、次のものが出てきました。

・タオルがきつい（鉄棒と体が近い状態）と、回りやすい。
・頭をたおすとグルってなる。
・蹴らなくても回れる。
・手はずっと曲がってる。

・シュンって回れるときがある。
・さいごにお腹に力が入る。
・おきるときに力をいれないと上がれない。

「同じ」という意見や、「グルっていうより、サッて感じ」というように、自分と同じ感じ方、あるいは感じ方の違い、自分が意識していなかったことを、出し合うことで気づいた子どもたちが多かったように思います。出てきたものは、どれも『さか上がり』を通して味わわせたい感覚や力です。『さか上がり』が「できる・できない」にかかわらず、どの子もがそれに関わる感覚を味わえるようにすることで、なかまとともに共通の学びができる、意識していなかったことに気づくことができるのだろうと思いました。

ただし、感覚をことばにしていくということには、少し難しさも感じました。ですから、さらに踏み込んだ学習をするところまではいっていません。例えば、「シュンって回れるときがある」という意見について、どんなときなのかをみんなでもっと共有していけば、『さか上がり』の技術にも迫れる部分があったのかもしれません。どこまでを、どのように深めるかは、目の前の子どもたちの姿から、考えていくといいと思っています。

その後は、「タオルなしでもやってみる」というように、「回転する感覚」がつかめたり、「できそう」だという期待がもてたりした子どもたちは、タオルなしでのチャレンジもしたくなったようでした。タオルを使ったり、「坂」を使ったり、手伝ってもらったりしながら、思い思いのやり方で『さか上がり』

にチャレンジする時間を保障しました。

また、休み時間にタオルを使って練習がしたくなった子どもたちもいました。「できた」とうれしそうに休み時間を終えて帰ってくる子もいました。ある子は、お休みの日になると、タオルを持っておうちの人と鉄棒のある公園に行って練習をしていたそうです。「できるようになりたい」という思いを高めていくことで、体育から日々の遊びへとつながっていく。これもまた、体育の一つの役割のようにも感じました。

〝大きな〟『こうもりブランコ』

「鉄棒運動」の中で、一つ重点を置いてみようと思ったのが、『こうもりブランコ』という運動です。『こうもり』の状態から、前後に体を振動させる運動です。「鉄棒運動」は振動運動や支持回転運動が中心となる運動です。ですから、自分の体を〝ブランコ〟のように、その運動のなかに預ける経験は、子どもたちにぜひさせておきたいことです。

また、2年生の子どもたちにも、「どうやったらうまくいくのか」ということをみんなで考えさせたいという思いもありました。先ほど紹介した日記でななこさんが、「こうもりブランコもできるようになりたいです。いっぱいれんしゅうしていきたいです」と書いていたように、『こうもりブランコ』は子どもたちが、「やってみたい」「できるようになりたい」と思える〝ちょっと難しそう〟な運動でした。それに、この運動は行ったり来たりのくり返しの運動ですので、1回で終わる回転運動よりも「どうやったらうまくいくのか」ということを2年生の子どもたちにはとらえやすく、意識させやすいと考えていました。

まずは、思い思いにチャレンジさせてみました。予想通り、体の力の抜き入れがうまくいかずに、クネクネと体を動かしているだけになってしまいます。そこで、少し勢いをつけさせたり、グループのなかまにやさしく押してもらったりして、揺れる経験をさせることにしました。揺れているなかで、体の使い方がわかってくるだろうと考えたからです。勢いや補助をたよりにしながら、少しずつ振動させることができるようになってきたところで、その時間は終えました。

次の時間、子どもたちに提示したのが「大きな『こうもりブランコ』」です。「大きく」をめざすことで、体の力の抜き入れもより意識しやすくなりますし、意識したことが「大きくなる」という結果に結びつきますし、「できた」ととらえやすいと考えたからです。

まずは、「『大きな』とはどういうことか」をみんなで確かめました。ブランコで遊んだ経験がありますから、子どもたちはすぐにイメージはついたようです。「高くなるように」や「めっちゃ向こうにいくように」などイメージをことばでも伝えてくれました。黒板にもふりこの絵をかき、「大きなブランコ」は、振れ幅をより大きくすることだと確かめました。

さっそくとりくんでみると、無意識ではあるものの力の抜き入れができている子もいましたし、「大きく」を意識しすぎて余計に体に力を入れてしまっている子もいました。どんどんと大きくなっていくことを楽しんでいる子もいました。ある程度とりくんだところで、すでに大きくなっている子の動きをみんなで確かめていきました。気づいたことを出してまとめると、図のよ

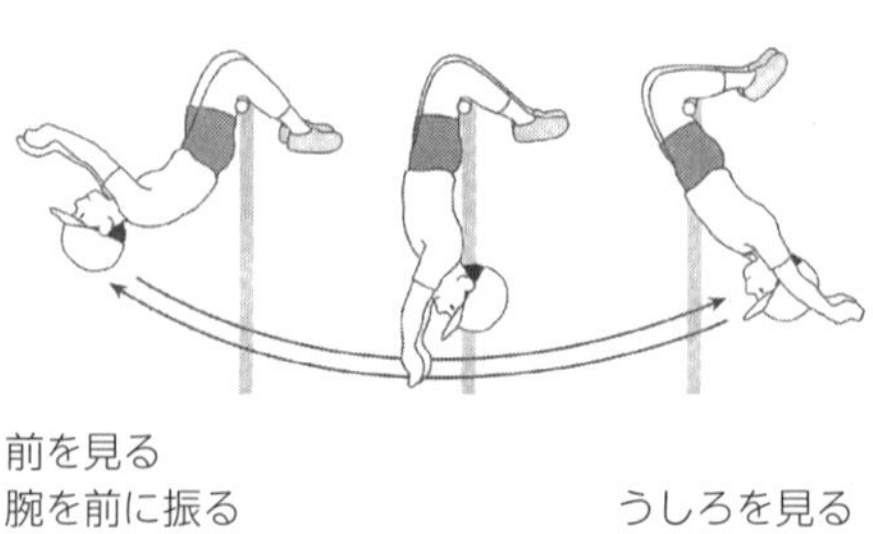

うになります。「目線や頭の向き」「腕の振り」というように、見えている事実に子どもたちは目を向けていることがよくわかります。それらを「三つのコツ」としてみんなで確かめ、意識してとりくませました。頭の向きを意識する子、腕を大きく振る子…自分が意識しやすいところを中心にとりくんでいました。

ところが、三つのコツを知ってもなかなかできない子がいます。さとみさんは、なんとか大きくしようと、「前を見て、うしろを見て」をくり返すのですが、上半身をクネクネと動かしているだけで大きくはなかなかならないでいました。「前を見る」「うしろを見る」はわかるけど、「大きなブランコができる」にはつながらないでいたのです。情報として「わかる」けど、「できない」ということです。さとみさんだけではありません。振動できるようになってきていますが、もっと大きくできそうな子がたくさんいました。

そこで、「三つのコツができるように、がんばっていることは?」と子どもたちに問うてみました。だんだんと「大きく」なってきていたしゅうへいくんが、「『のぼり坂とくだり坂』みたいな感じ」と返してくれました。そのつながりで、「前に行くときはがんばっている」という発言もありました。「前を見る」と「うしろを見る」の間にある、子どもたちに見えていなかったところが、運動とやりとりすることで見えだしてきたと思いました。しゅうへいくんたちの発言をヒントに、さらにこうもりブランコにとりくみ、その日の宿題で図入りの日記を書かせました。図には、「『前を見る』『うしろを見る』ためにがんばっていること」を、吹き出しにして書かせるようにしました。

ぼくは、こうもりブランコで、まえにきたときに、あたまをブーンとふりました。うしろにきたときに、力をぬきました。まんなからへんから、力をぬいたほうが、じょそうをつけれると思ってやってみたら、じょそうがつけれました。またしたいです。つぎは、もうちょっとがんばりたいです。――ひろと

うでを大きくふって、ふる時にぶんぶんと音がするぐらいうでを大きくふる。かおは、上・下・上・下。前にいくときに、いきおいをつける。うしろで、力をためて、いきおいをつけてまえにいく。大きなこうもりブランコたのしかったです。また、みんなといっしょに、うまくできたらいいなと思いました。――かなこ

たくさんの子が書いてきたのが、「力をぬく」ということでした。「力をためる」と表現していた子もいます。どちらも、いつも力を入れるのではなく、抜くタイミングや入れるタイミングがあるということがわかっています。なかまの動きを見てわかった「前を見る」「うしろを見る」「腕を前に振る」というコツ。それと、しゅうへいくんたちの気づき。それらの情報と運動とを行き来すること、運動と自分がやりとりすることによって、子どもたちが「わかる」に迫っていったのだととらえています。一方で、さとみさんのように、自分ががんばっていることを書いていますが、「力をぬく」というところには気づけていない子もいました。

そこで、みんなが書いてきた日記を学級通信に掲載して、がんばっていることを知り合いました。同じことをしているのに、表現していることばが違うということが、子どもたちにとってはおもしろいようでした。出てきたもののなかで、しゅうへいくんが言っていた「のぼり坂とくだり坂」というところ

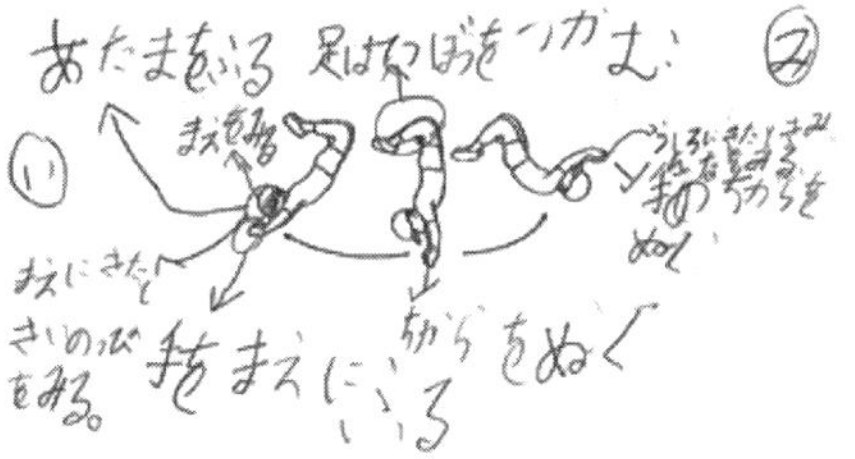

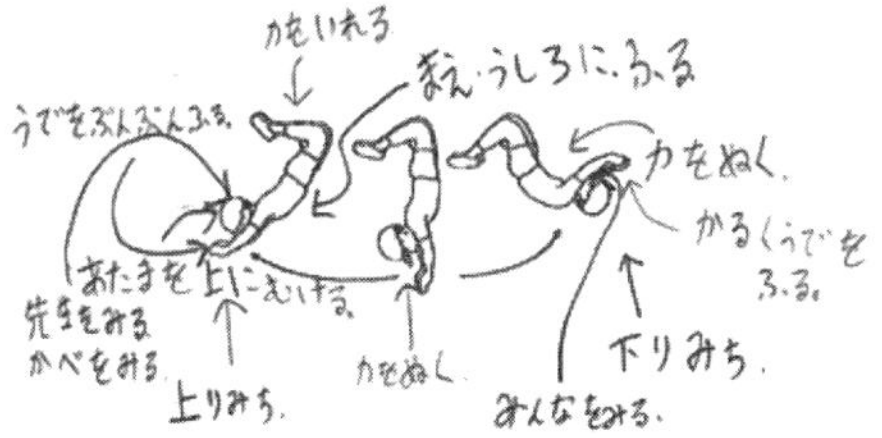

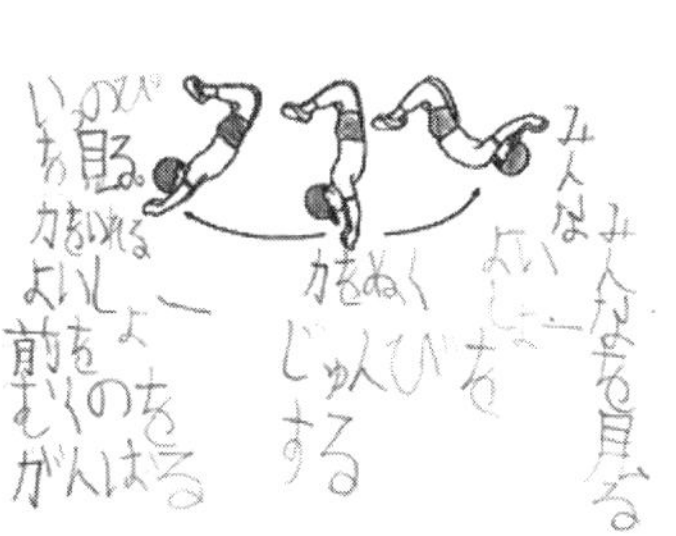

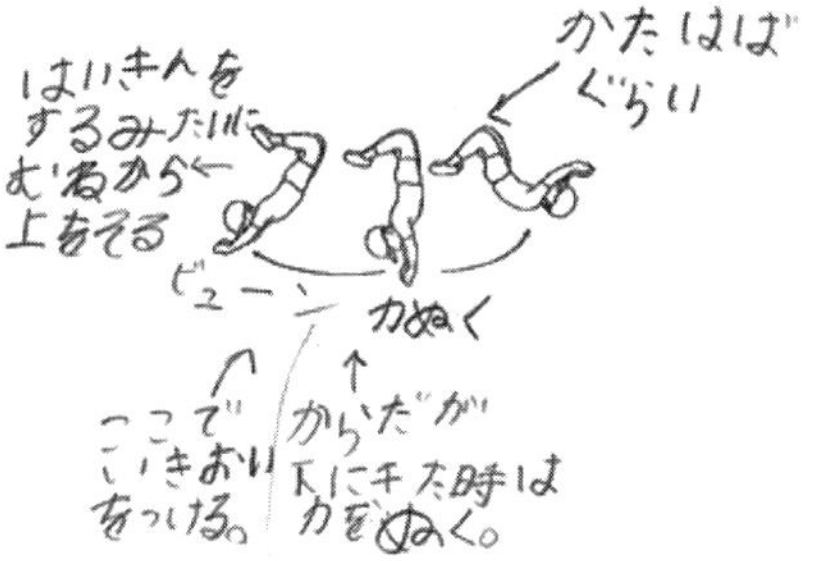

手を前にこぐ。こしを前うしろにふる。うしろのときにいきおいをよくするために、おもいっきり上にいく。足をぎゅっとまげる。

さとみ

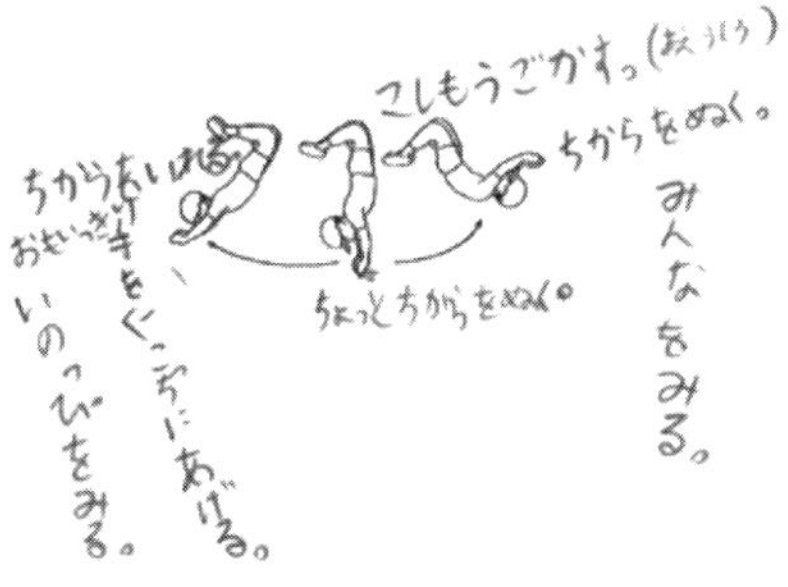

について、みんなで考えていきました。そして、みんなが意識しやすいものにしていきました。
・うしろにもどるときに力をグイーンとぬく
・前にいくときに、力をグイーンと入れる
これら二つを、「みんなでがんばること」として確かめ、次の体育の時間に意識してとりくみました。さとみさんには、「グイーン、ぬくー」とかけ声もかけながらとりくませました。力の抜き入れを意識することで、少しずつ大きく振れるようにもなってきて、何度も何度も「見て見て！」とうれしそうな様子でした。

ひくいほうでこうもりブランコをれんしゅうしたけどむりだった。けど、たかいところで、力をぬいて、ばんざいしてゆれたらできたから、うれしかったです。なん回も、なん回もやって、たのしかったです。なんか、かんたんになってきて、ずっとやりました。前よりてつぼうがすきになりました。

――さとみ

「力をぬいて、ばんざいして…」はことばにすると、簡単そうです。だけどそれは、さとみさんがみんなと学び、さとみさん自身が運動とやりとりするからこそ「わかった」、そして「できた」、意味のつまったものだと思います。

5 目の前の子どもたちとともに

いろんな子どもたちがいるなかで、体育で、鉄棒で…何を学ばせるのか。体育に限らず、どの教科でも、題材でも、日々悩みながらとりくみを進めています。とりくみの過程でたくさんの子どもたちの姿に出会います。何度もチャレンジして、葛藤して、「わかった」「できた」にたどりつく子どもたちの姿を見ることができるのは、楽しいものです。

「わかった」「できた」につなげていくためには、私たち教員も含めたみんなが必要です。例えば、逆さになることを怖がっていたななこさんも、なかなか大きく振ることができなかったさとみさんも、みんなでチャレンジし、学ぶからこそ、「できるようになりたい」「もっと」というねがいや、「こうしたら」という見通しや期待をもちながらとりくんでいくことができました。すぐにできるようになった子たちもまた、みんなで学ぶからこそ、自分が気づいていなかったことと出会い、「わかる」に迫っていくことができたのではないかと思います。

本校の体育部でめざしている、「わかってできる」。器械運動に限らず、ボール運動、陸上運動…各領域で授業づくりを進めています。このとき、先述のように子どもたちの発達段階を考えながらどこに、何に傾斜をかけるのかが重要であると考えます。また、今回紹介した2年生の「鉄棒運動」の実践も、子どもたちが変われば、やり方も、迫り方も変わります。でも、めざしたい方向は変わりません。それは、子どもたちには「わかりたい」「できるようになりたい」「かしこくなりたい」というねがいがあると思うからです。

今回は、本校の体育部のこれまでの研究の到達点として、一つの実践を例にお示ししました。例えば、「わかる」ということについても、もっと研究を進めていくことで、新たに私たちが気づくことがあるように思っています。これからも、日々の実践を重ねながら、目の前の子どもたちと、みんなで「わかる」と「できる」をつなぐ授業をつくっていきたいと思います。

（井上　寛崇）

【引用・参考文献】

髙橋健夫『これは簡単！器械運動マット・跳び箱・鉄棒』学事出版　１９９８
髙橋健夫・藤井喜一・松本格之祐編著　体育科教育別冊「新しい鉄棒運動の授業づくり」大修館書店　２００９
小畑治・岡澤祥訓・石川元美・森本寿子「小学校体育科における器械運動の『技の配列表』作成の試み」奈良教育大学教育実践開発研究センター研究紀要第21号　２０１２

中学年 算数 2

量分数の世界を子どもたちに

4年「分数」の授業づくり

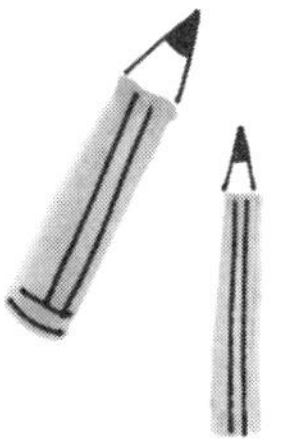

1 「〇ブンノイチ」

4月、3年に進級したばかりの子どもたちがこんなことを私に話してくれました。

「半分って、ニブンノイチのことやで」

（「$\frac{1}{3}$」と書かれているものを見て）「これ、サンブンノイチって読むんやで」

どの子も得意げです。「分数を知っているんだ！」ということを、私に見せたかったんだなと思います。

「へぇ！　分数が言えるなんて、すごいね」

と少し驚いて見せると、子どもたちは満足したような表情でした。


2年の算数科教科書に分数が登場してから十数年がたち、「〇ブンノイチ」と自信いっぱい声に出して言える小さな学年の子どもは増えました。でも、それで分数を理解したと言えるでしょうか。

一方で、2位数、3位数のたし算のくり上がりやひき算のくり下がりに苦労する子どもたちの姿、そしてその指導に悩む先生の声を見たり聞いたりもします。

2年では整数（ここでは0と自然数を指すことばとして使います）と分数が混在し、3年になると小数が加わります。整数、小数、分数。小学校で学習する数を、子どもたちにどのように学ばせるのかを整理する必要があります。ここでは特に分数について考えてみたいと思います。

2 分数ってどんな数？

入学してから最初に学習する数は整数です。整数には、十進位取り記数法というきまりがあります。1、2、3、4、5、6、7、8、9、0という10種類の数字を使って位取りをすれば、どんなに大きな量だって数字で表すことができます。逆に1に満たない小さな端《はした》の量は整数では表せません。そのときは小数点を用いて、やはり十進位取り記数法に則って数字で表すことができます。それが3年で学習する小数です。

整数も小数も、10をひとかたまりとする十進位取り記数法によって量の大きさを書き表す十進構造をもつ数です。でも分数は、それとは全く異なる構造をもっています。

(1) 分数は十進構造ではない

分数は、英語でfractionといいます。この語源はラテン語のfrangereで、「砕く」という意味があります。日本でも、分数が入ってきた頃は「砕（砕）数」といっていました。長さや重さ、広さなどのある一定の大きさを基準量の1として、それを砕く（分割する）意味からだったのでしょう。

このことからもわかるように、分数は基準量1を何等分するかによって単位が決まります。3等分すれば1/3が単位になるし、7等分すれば1/7が単位になります。そしてその単位によって1になるひとかたまりは何かが決まります。単位が1/3であれば3ひとかたまりで1になるし、1/7であれば7でひとかたまりの1になります。分数は、整数や小数のような十進構造をもっていないのです。

ある日、「□/○が1に変身できるのは、○（分母）と□（分子）の数がどうなったとき？」という課題で授業をしました。分母と分子が同じ数になったとき、1になります。教具である1/2L～1/10Lまでの分数ブロック（62頁の写真）を使って、実際に1Lますを満タンにする活動をしながらそのことに気づくようにしました。その後、子どもたちは、「じゃあ、これも1なん？」「それが1なら、これも1？」と1と同じ大きさの分数を次々と楽しそうにつくり始めました。中には「1不可思議—1不可思議」というのを考えて、みんなに驚かれた子もいます。

授業の後の子どもたちの感想には、こんなことが書かれていました。

「すごいと思う。（分母と分子の）数が同じじゃないとあかん！でも

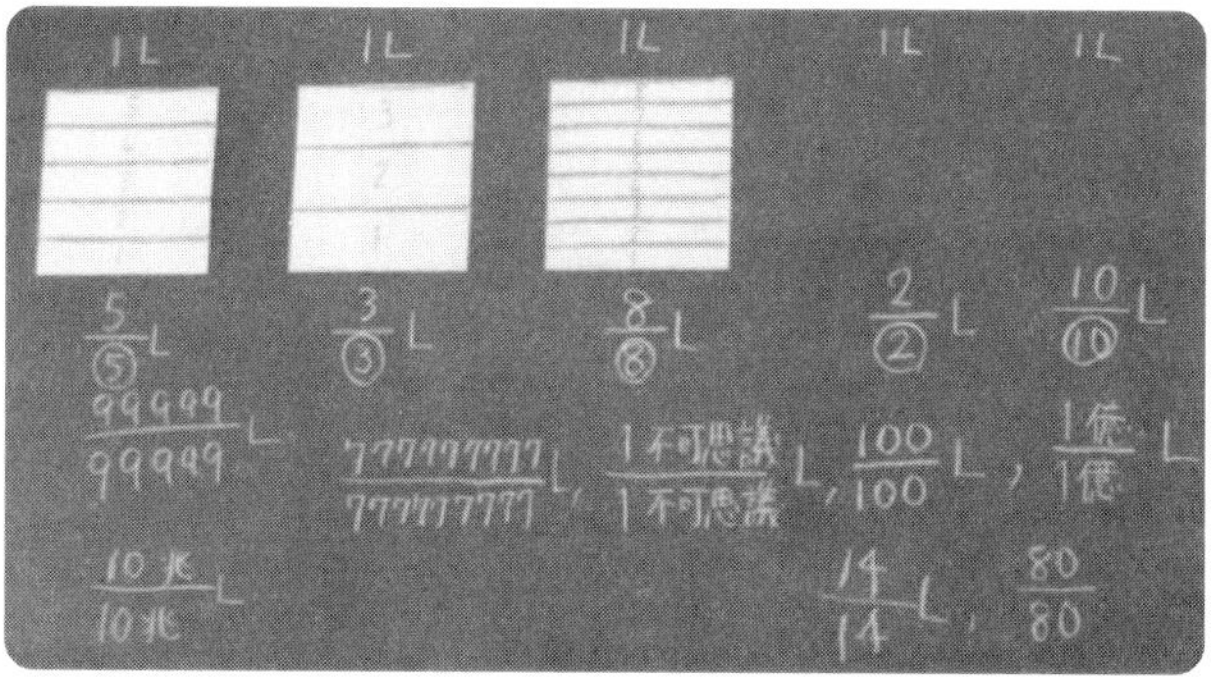

同じ数だと1になったー！どんなに大きな数字でも1になるってすごいと思った」
「1になる分数は無限です」

こういった分数の構造は、十進構造になじんでいる子どもにとって「分数ってむずかしいな…」と感じる一つの要因になるかもしれません。でも逆に、整数や小数とは違う分数ならではのおもしろさでもあります。それをうんと味わえたら、新しい数の世界が子どもたちに広がるんだろうなと思います。

⑵ 分数は2つの数を関わらせて一つの量を表す数

書き表し方から見ても、整数や小数と明らかに異なるのが分数です。

黒板にはじめて分数を書くと、子どもたちから「変な数字！」「2階建てや！」と驚きと違和感の声が上がります。子どもたちのくらしをのぞいてみると、ほとんどが整数です。わずかに小数が見られるぐらいでしょうか。分数となると、子どもたちはなかなか目にしません。考えてみたら、子どもたちにとっては確かに〝変な〟数です。

分数は、下の段の数字（分母）と上の段の数字（分子）が間の―（括線）によってくくられて一つの数を表しています。全体で一つの数を表しているのですから、分母は分母、分子は分子と個々に見るのではなく、分母と分子をそれぞれの意味において関係づけて見る必要があります。

分数の大きさ比べをしたときの授業を紹介します。

「$\frac{2}{3}$ と $\frac{3}{7}$ ではどちらが大きいでしょうか」と問うと、たくさんの子どもたちが「$\frac{3}{7}$」

と答えました。少し慎重な子たちは、首をかしげながらどちらに手を挙げようか迷っている様子です。「分母の数も分子の数も、たしかに$\frac{3}{7}$のほうが大きいけど…」と言いながら、でも本当にそうなのかはすぐには判断がつかないようです。

そのとき、$\frac{1}{3}$Lと$\frac{1}{7}$Lの教具を見ていた子が、「あっ！　やっぱり$\frac{2}{3}$のほうが大きい！」と叫びました。理由を聞くと、「$\frac{1}{3}$Lってこんなに大きい（分厚い）し、$\frac{2}{3}$っていうことは$\frac{1}{3}$Lがあと1つで（1Lますが）満タンになる。でも$\frac{1}{7}$Lってめちゃくちゃ薄いから、3つ分でも満タンにならへん」とみんなに説明しました。その説明を聞いた他の子どもからも、「ほんまや。$\frac{2}{3}$は（1Lますの）半分を超えてるけど、$\frac{3}{7}$は半分までいってない」と気づいたことを補足しました。

このように、分母と分子のそれぞれの数をばらばらに見るのではなく、関わらせて見るのが分数です。2階建てになっていることの意味はここにあるのでしょう。これも整数や小数とは大きく異なることです。

(3) 帯分数と仮分数

1を超える大きさを表すのに、2種類の表し方―帯分数と仮分数があります。同じ大きさなのに2種類。$1\frac{1}{4}$と$\frac{5}{4}$、$3\frac{2}{5}$と$\frac{17}{5}$などがそれです。もしかしたら3種類と言えるかもしれません。数学的には帯分数と仮分数の2種類ですが、$2\frac{7}{5}$や$1\frac{12}{5}$も子どもたちからすれば仮分数や帯分数とは別の種類として映るでしょう。授業でこのような分数に出会ったとき、子どもたちが名前をつけました。「整分《せいぶん》数」「帯仮《たいか》分数」「仮帯《かたい》分数」などが出てきました。

授業の後で、子どもはこんなことを書いていました。

「同じ量でも分数だと書き方がいろいろあって、分数っておもしろい」

「1つでいいやんと思う。ややこしい」

大きさを比べたりたし算・ひき算の計算をしたりする過程で、帯分数と仮分数の間を行き来する必要が出てきます。その行き来のむずかしさ、ややこしさは確かにあり、いつも指導に悩むところです。中には、「中学校以降の数学では帯分数が出てくることはないから、帯分数はいらない」という意見も聞こえます。

でも帯分数だと、子どもにとっては量の大きさが見えやすいのではないかと思います。$\frac{9}{4}$Lだとピンとこないけど、$2\frac{1}{4}$Lだと2Lより量が多いということが大人でも見えやすくなります。

分数の特徴の一つとして、同じ大きさの量でも表し方にはいくつもの〝顔〟があることのおもしろさに子どもたちを出会わせたいです。

3 子どもの発達と分数の学習

ここでは、子どもの認識の発達と中学年の子どもが分数を学ぶことがどう関係し合っているのかを考えてみたいと思います。

中学年の子どもが分数に出会い分数を学ぶことで、量の大きさをとらえる新しい視点が生まれます。そこに分数を学ばせるねうちがあると言えます。

小学校6年間の子どもの認識の発達の過程には、「9、10歳の節」と呼ばれる飛躍の時期があります。自分を客観的に見ることができるようになったり、抽象的な思考ができるようになったり。個別ではなく、関係づけて物事を見ようとします。そして、一つの課題に対して自分なりの根拠をもちながらなかまとの話し合いで乗り越えようとします。中学年の2年間を続けて担任してみると、ちょうど4年2学期ごろでしょうか、子どもたちの言うことやること、考えること、周りの見え方などに少しずつ変化が見られ、（うわ、もう高学年やなぁ）と驚かされる場面が急に増えてきます。その頃を境目にして小学校6年間を前半期と後半期に分けて見てみると、子どもの認識の発達に伴って、算数科の学習内容の質も大きく変化していることがわかります。

私たちは、前半期を「手に持つことのできる算数」、後半期を「手に持てない算数」と言い表してきました。

前半期は、具体物を操作することを通して「～となる世界」で理解します。例えば、「全部で◯こあるキャラメルを□人で同じ数ずつ分けたら、1人分は何こになるか」というわり算の問題を考えるとき、子どもたちは、キャラメルに見立てたブロックを分けるという操作をします。そして実際に「1

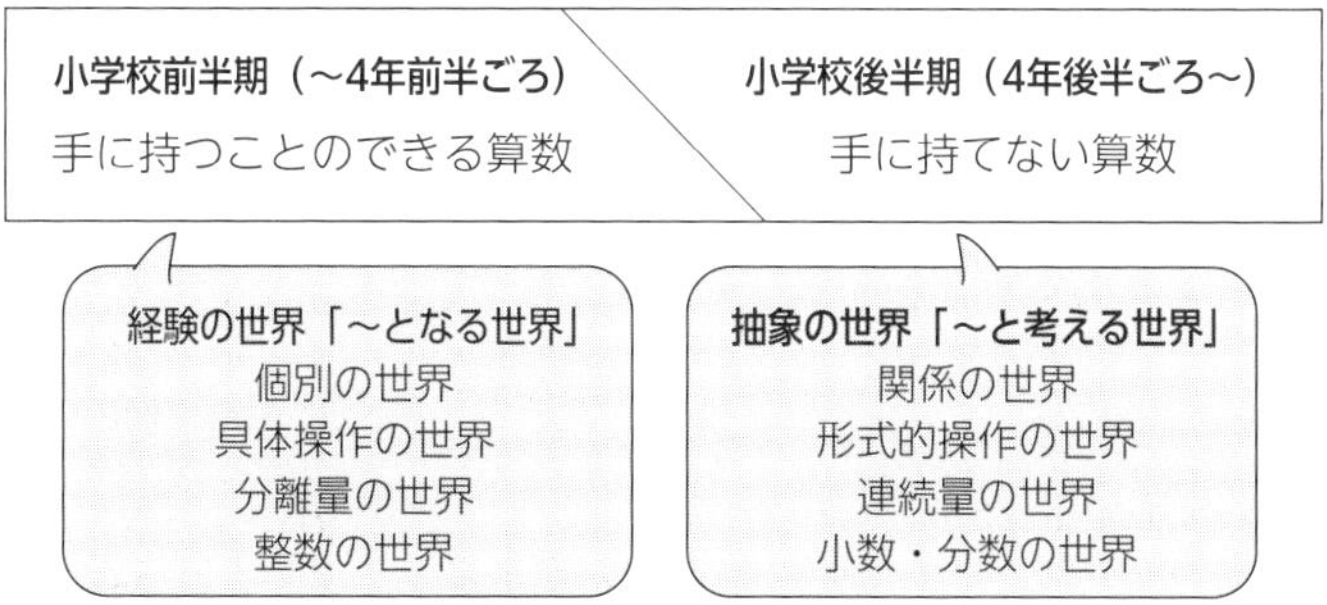

人分は△こになった」と答えを見つけます。何度かやっていくうちに、九九で答えを見つけ出せることに気がつきます。つまり「〜となる世界」から数量のしくみを理解しようとします。

一方、後半期は、「長さが○mで重さが□gの金属棒は、1mあたりが何gか」のようなわり算の課題になります。でも、実際に金属棒を切り分ける場面ではありません。分けるわけではないけれど、重さ÷長さで1mあたりの重さが求まっていると考える場面です。ましてや1mより短い金属棒からわり算で1mあたりの重さを求めるのに、分けるという操作をすることはできません。「〜と考える世界」でわり算の意味を理解しようとします。

また、前半期は数や量を一つひとつ個別に学ぶことが多いですが、後半期になると意味の異なる2つの数量をかけ算やわり算で関わらせ、そうしてつくり出される一つの新しい数量を学ぶことがほとんどになります。

例えば、前半期には長さを学びますが、後半期には長さ（たて）と長さ（よこ）をかけ算で関わらせる面積を学びます。さらにその先には面積と長さ（高さ）を関わらせる体積も学びます。

密度は重さと体積、速さは道のりと時間。重さも長さも道のりも時間も、前半期で個別に学んできた単一の量です。

後半期の学習内容の質は、9、10歳の節越えの発達課題と合致しているのです。

分母と分子というそれぞれの意味をもつ二つの数を関係づけて一つの数となっている分数もまた、小学校後半期の課題と言えるでしょう。その時期に分数の意味を深く学ばせることは、子どもたちの認識の発達を促すことになるのです。

２年で「○ブンノイチ」と言えるようになっても、分数を理解しているとは言えません。「分数ってどんな数なんだろう」と考える力が芽生え始めるのは、小学校後半期にさしかかる４年生ごろからではないでしょうか。その時期にじっくりと分数のしくみや意味を考え、子どもたちの認識の発達にはたらきかけられるような授業づくりを大切にしたいです。

4　中学年の子どもたちに出会わせたい量分数

では、中学年─とりわけ４年後半期あたりにいる子どもたちに、どんな分数に出会わせることが認識の発達にはたらきかけ、促すことになるのでしょうか。

ここではいくつかの観点から、中学年の子どもたちに出会わせたい分数や分数の授業づくりについて述べてみたいと思います。

(1) 基準量「1」は世界共通の普遍単位で

２年の教科書に登場する分数はおり紙やケーキなどが素材になっていて、同じ大きさに○つに折ったり切ったりして分ける場面から「○分の１」の分数が出てきます。分ける前の元の形も、正方形や長方形、円などさまざまです。

３・４年（以下、中学年）になると、水のかさやテープの長さが素材になり、１Ｌや１ｍを○等分した大きさを分数で表します。2年のおり紙やケーキの分数と、中学年の水のかさや長さの分数は、どちらも分割操作でつくり出す量の大きさを表す「量分数」です。でも両者が異なるのは、分ける前の元の大きさ（基準量）「1」が世界共通の大きさ（普遍単位）であるかどうかです。中学年では、世界共通の普遍単位を基準量とする量分数で、分数の意味を理解させることをめざしたいと思います。なぜなら、量の大きさの関係と数の大きさの関係が一致しているからです。

2年の量分数は基準量「1」の大きさが物によって変わります。大きなケーキと小さなケーキでは、同じように3つに分けてできる「$\frac{1}{3}$こ」でも大きな$\frac{1}{3}$こと小さな$\frac{1}{3}$こになってしまいます。これでは「$\frac{1}{3}$」が表す量の大きさを考えることができません。

でも、かさや長さの分数には、世界共通の「1L」「1m」という基準量があるので、$\frac{1}{5}$Lと$\frac{1}{3}$Lでは$\frac{1}{3}$Lのほうが大きいことは、いつでもどこでも同じです。普遍単位が基準量になっている量分数では、分母と分子の意味によって、分数の表す量の大きさをイメージできるし、なぜそうなるのかを説明できます。

(2) 分数をみる2つの視点

量分数には2つの見方があります。

一つは「1Lを○つにわけた□つ分」という見方。そしてもう一つは、「$\frac{1}{○}$Lが□つ分」という見方です。特に後者は、そのような分数の見方ができることに気づかせ、理解させることをめざすねらいをもった授業を

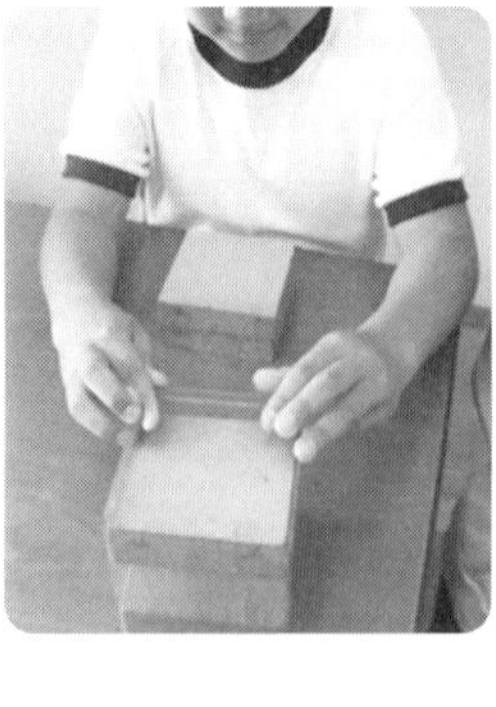

組み立ててこそ、子どもたちに育てることのできる視点です。

このような見方に気づかせることをねらって、「この分数ブロックの大きさは何分の1Lか」を調べて明らかにする授業をしました。1Lますに、同じ大きさの分数ブロックを一つずつ入れていくつで1Lますが満タンになるかを調べます。

「1/8Lブロックは小さい（薄い）から、たくさん入れへんかったら1Lますを満タンにできない。めんどくさい！」とか、「3つだけで満タンにできるから、1/3Lブロックはラクや～」という子どもたちのにぎやかな声があちこちから聞こえてきました。実際に操作して確かめるからこそ、大小の関係が実感をともなってわかります。そして、分母を意味する1/○Lブロックと分子を意味する□つ分を関係させながら、そのブロックが何分の1Lかを調べています。子どもたちは少ない個数で1Lますを満タンにすることができる1/2Lブロックや1/3Lブロックを我先に手にしていました。逆に、1/8Lブロック、1/9Lブロックはたくさん入れないと満タンにできないので、子どもたちはあまり手に取りませんでした。

(3) 仮分数――ありか、なしか？

ある日、「2/4L＋3/4L＝」と黒板に書いて「答えは何Lになるでしょうか」と子どもたちに尋ねました。答えが初めて1を超えます。ここまでに、子どもたちは「分数のたし算は、分母どうしはたさずにそのまま、分子どうしはたす」ことを学習しています。そしてこの式を見た子どもたちは、少し戸惑いながらも、たし算のきまりに則って計算しました。すると答えは「5/4」L。

子どもたちから、

「それはあかんわ。そこらへんが水びたしになる」

「5杯目は1Lますからこぼれるから、それはないな」

「もう1つ1Lますを持ってきて、1Lと$\frac{1}{4}$Lにしやなあかん」

という声があちこちから上がりました。子どもたちが分母と分子のそれぞれの意味を理解しているからこその声だと思います。

一方で、$\frac{5}{4}$Lがあってもいいと考えている子どもから、

「1Lますやったらこぼれるけど、もっと大きい入れ物やったらこぼれへんで」

という考えが出されました。そこで、5Lますを持ってきて、実際に$\frac{1}{4}$Lますを使って水を入れてみました。1杯め…。2杯め…。3杯め…。4杯め…。子どもたちは固唾をのんで水が入る様子を見つめています。そして「5杯め…」。もちろん5杯目はあふれることはありません。あふれるどころか6杯めも7杯めも、まだまだ十分入ります。「$\frac{5}{4}$Lなんてだめだ」と考えていた子たちも、

「その長い入れ物やったら、$\frac{5}{4}$Lがあってもいい」

「でも1Lますしかなかったらあふれるから、1Lと$\frac{1}{4}$Lでないとあかんで」

と納得。仮分数を認めることができるようになっていきました。このときから、仮分数は長いますを使う分数、帯分数は1Lますを使う分数というイメージをもったようです。

授業後の感想で、ある子は、「わたしはこれなら入ると思いました。それに5杯目を入れたら$\frac{5}{4}$Lにできて、これなら$\frac{5}{4}$Lもいけるので$\frac{5}{4}$Lはありだとわかりました」と書きました。

ある子は、「5/4がありなら、いろんな分数が作れます。例えば897/100、999/777、156/10…、他にもいろいろ作れます。分子が分母より大きくても分数は作れると思います」と、分数は無限につくることのできる数であることを感じたようでした。

仮分数に対して、

「お母さんより子どものほうが大きくなるなんておかしいやろ」

と言う子もいました。

「子どもが自立したっていうことか？」

「子どもがお母さんより大きくなるなんて許せない！」

と腹立たしそうに言う子もいました。分母・分子という名前に引っ張られる子も、実は意外といたりします。それを現実に目の当たりにすると、日本ではどうして「分母」「分子」と親子を連想させるような紛らわしい名前がつけられているんだろうと思います。

英語はそうではありません。分母は「denominator」で意味は「命名者」、分子は「numerator」で意味は「計算者」です。つまり分母は1/◯という単位となる分数を決定していて、分子はその□つ分という個数を表しているのです。こちらのほうが、分母と分子のそれぞれのはたらきが明らかです。だから、「1/5Lという（決まっている）単位の3つ分（という個数）が3/5L」、「1/7Lという単位の5こ分が5/7L」というように、単位となる分数を決めさえすれば、そのいくつ分かで分数をつくることができます。

子どもたちには分母と分子の意味から分数の構造をとらえることで、分数の世界を広げていってほしいと思います。

⑷ 水のかさの分数

中学年では何を素材にして分数を学ぶのか。長さ、かさ、重さ、時間。分数を学習するまでに、子どもたちはたいていこんな連続量を学習しています。

重さや時間は目に見えない抽象度の高い量なので、子どもたちにとっては素材としてふさわしくありません。長さか、かさか…。

長さ（m）を素材にしたときに教具として紙テープを使ったとして、紙テープを切ったり、ノートに貼ったり。切るのを失敗すると、それを使ってもう一度やり直すことはなかなかできません。そして、1mかそれ以上の長さのある紙テープは子どもの手には負えないし、紙テープが机の上に山盛りになっている光景を想像すると、分数を学ぶ最初の教具としてふさわしいとは言えません。

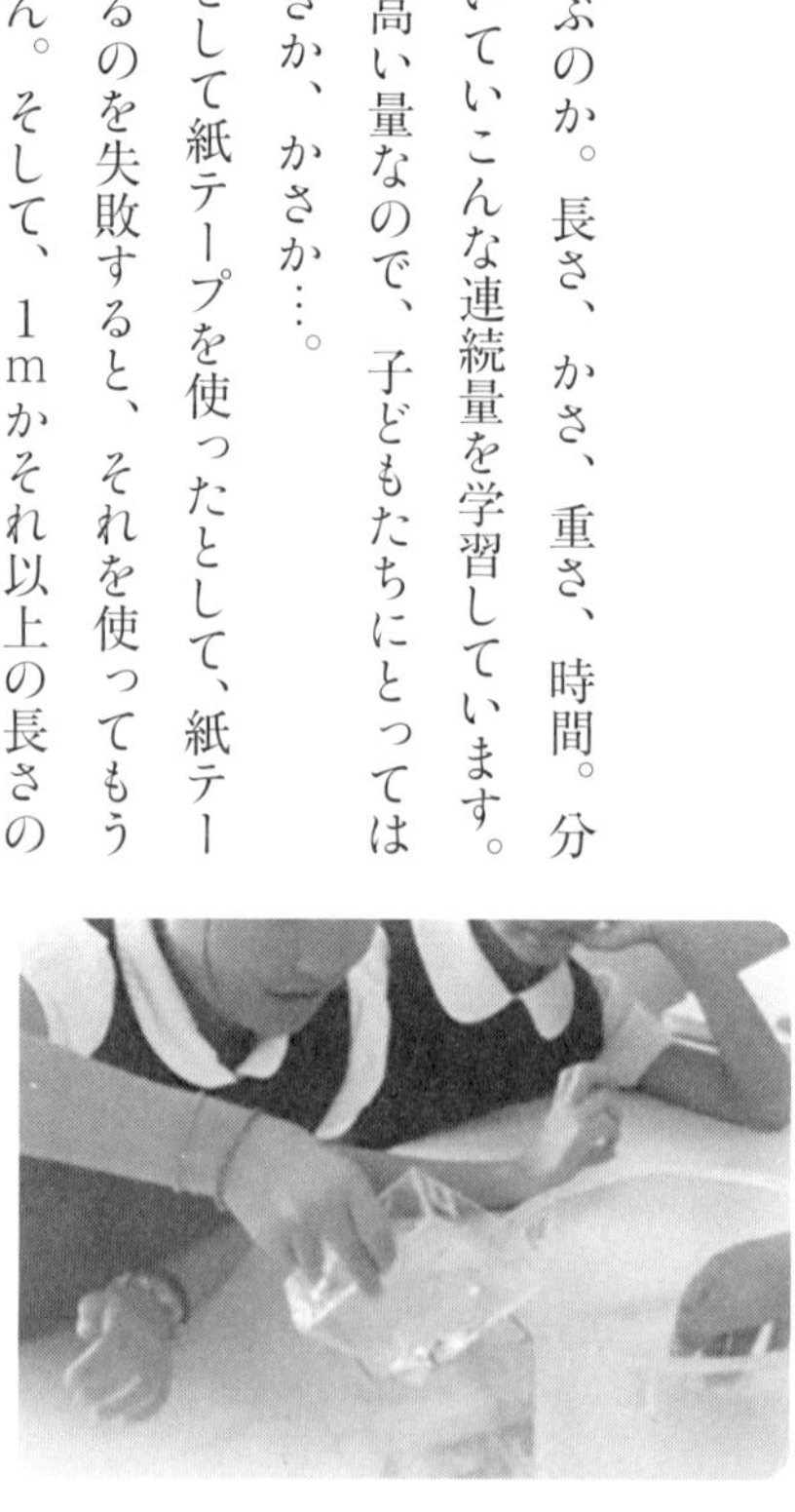

かさ（L）だと、子どもたちが水を使って1Lますにくり返し入れたり出したりして何度でも簡単に再現することができます。失敗してもまたやり直しができます。大きさも実感しやすいし、図にも表しやすい。水びたしになる覚悟は必要ですが、納得いくまで自分で何度もくり返し確かめることができるメリットは、「自分でやってみたい！」「やってみないとわからない！」という中学年の子どもたちにとっては大きいです。どこかのタイミングで、本物の水から水に見立てたブロックや図へと抽象化の方向に移行していくことも可能です。

分数を学ぶ典型素材を水のかさ（L）にしました。水のかさで分数のイメージをもたせ、分母・分子の意味に迫ります。分数ます（$\frac{1}{2}$L、$\frac{1}{3}$L、$\frac{1}{4}$L、$\frac{1}{5}$L）を使って、何度も何度も1Lますに水を入れて「何杯で満タンになるか」を調べました。

慎重に水を入れて調べられたグループは「これは3杯でいっぱいになるから$\frac{1}{3}$Lます」「これは5杯だから$\frac{1}{5}$Lます」とますの大きさを決めることができます。このますの大きさが分母になります。ところが、水をよくこぼしてしまうグループは誤差が大きくなってしまい、いちばん小さい（薄い）のは$\frac{1}{5}$Lますのはずなのに「6杯で満タンになったから、これは$\frac{1}{6}$Lます」になってしまいました。そのことを、「ますが小さいからこぼれるし、何回も入れなあかんから、よけいにいっぱいこぼれるねん」と訴える子どもたち。このことばはますの大きさと分母の数の関係を言い表しています。失敗ではあるけれども、それを通して分母の意味に迫る学びがあることが伝わってきます。

(5) 教具で理解を支える

量分数の学習では、たくさんの教具を使います。既製のものもあれば、手づくりのものもあります。特に手づくりのものは、できるかぎり子どもたちの手で作るようにしました。手間も時間もかかります。作ったけれども、授業では1、2時間ほどしか使わないこともあります。それでも教具を作っているときや使っているときに、子どもたちが分数に関わる何かを発見し、学ぶことはたくさんあります。それが子どもたちの学びや理解を支えているなと実感することも多いです。

少し紹介しましょう。

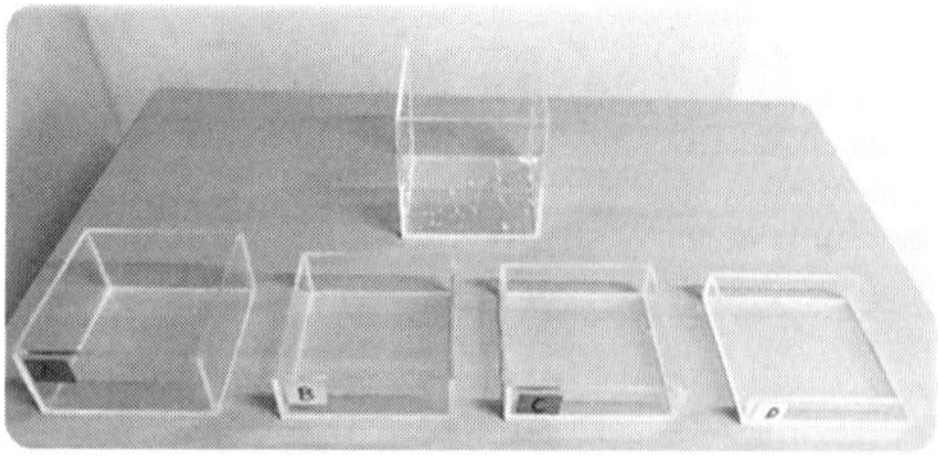

1Lますと分数ます

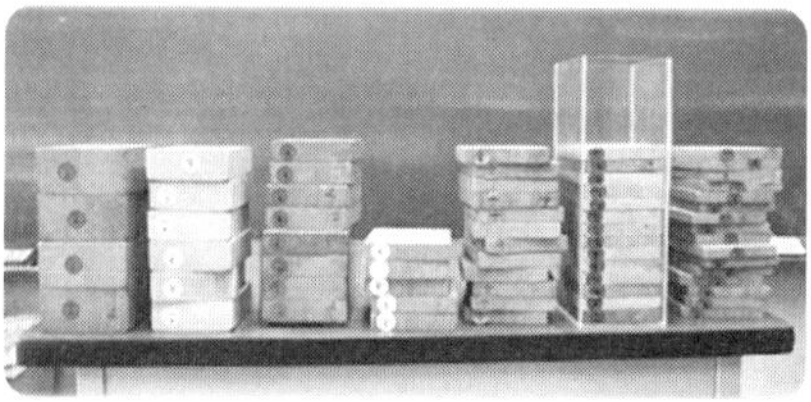

分数ブロック

いくつで1Lになるかな？

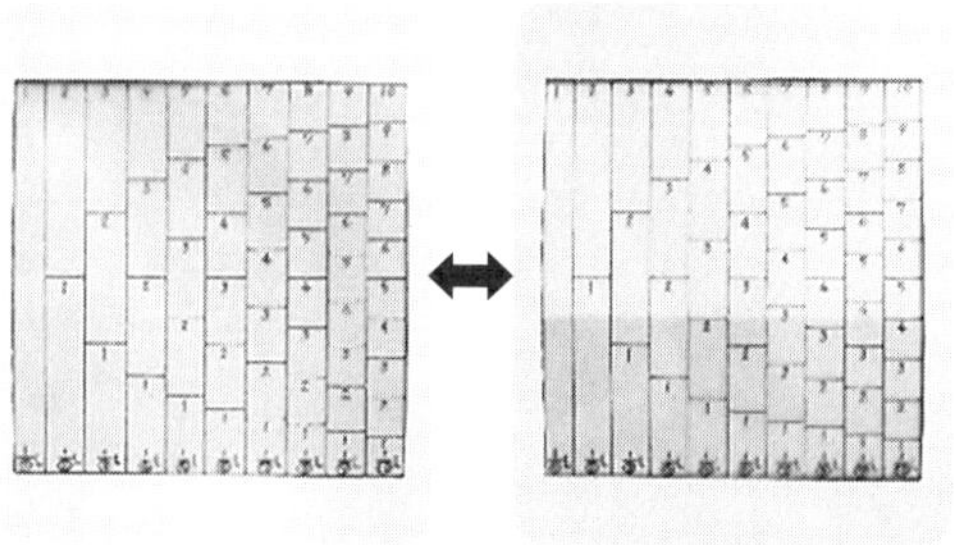

$\frac{1}{1}$L ～$\frac{1}{10}$Lまでのめもりがついたこぼれない1Lます
水を増やしたり減らしたりできます

5Lまで入る分数ものさし（左2つは$\frac{1}{4}$L、右は$\frac{1}{7}$L）

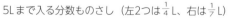

写真にあるこれらの教具は、水の操作という具体の世界と、数での思考という抽象の世界の間をつなぐ〝橋渡し〟のような役目を果たしてくれていました。教具を手に取って動かしながら子どもたちは考えています。実際に水を使ってはいないけれど水の操作を教具に重ねながら思考しています。それを支えたり促したり、新たな気づきを生み出したりする道具になっています。ときには、子どもたちの考えを表現するための道具になることもあります。

具体操作の段階から、一足飛びに抽象的思考の段階に飛躍するということはありません。具体と抽象の間をじっくりと埋めるような授業づくりを大切にしたいと思います。

教具は、授業だけでなく自分の好きなときに好きなだけ触れるように、分数の学習をしている期間、ずっと教室の隅に置いておいたり机の中に入れておくようにしたりしました。そうすると、休み時間に子どもが遊び道具の代わりに教具を使うような姿も見られました。このような教具へのはたらきかけの時間も学びのひとときになっているのかもしれません。

5 同分母分数の加減

中学年の分数学習のしめくくりは同分母分数の加減です。量分数を2つの視点から見る学びを重ねてきたその最後にあたる分数のたし算・ひき算の学習は、中学年の分数の集大成ともいえます。

次のことを指導の目標に置きました。

同分母分数のたし算・ひき算では、次のことを理解して正確に答えを求めることができるようにさせる。
・分母は変えずに、分子をたしたりひいたりする。
・帯分数のたし算・ひき算では、整数は整数同士、分数は分数同士をたしたりひいたりする。
・たし算の答えが仮分数になったとき、$\frac{\bigcirc}{\bigcirc}$を整数1にして帯分数に変換する。
・帯分数のひき算で分子同士がひけないとき、整数の1を仮分数に変換させてひく。

長い時間をかけて、教具も使いながらみんなで学習した量分数。分母の意味や分子の意味、その2数が関係しながら一つの数になっている分数。帯分数と仮分数の変換も、やはり大事な力です。加減の学習はそれらを改めて学び直し、再認識する機会にもなります。

指導順序の見通しをもつために、同分母分数の加減の式をいくつかの型に分けました。式にある分数が真分数なのか、帯分数なのか、それともどちらか一方が整数なのか。そして分数のくり上がりやくり下がりがあるのかどうか。そういう観点から型分けしたものを次頁に示しています。$\square\frac{\square}{\square}$は帯分数、$\frac{\square}{\square}$は真分数、$\square$は整数を表しています。

どんな2つの分数をたしたりひいたりするのかによって、計算過程での思考や操作は異なります。型分けすることで、くり上がりやくり下がりのない〈一般型〉から、くり上がりやくり下がりのある〈特殊型〉へと指導の順序を組み立てることができます。そうすると、一般型でたし算やひき算のきまりを見つけた子どもたちは、特殊型の特殊である要素を解決しながら、一般型で見つけたきまりをあてはめて計算することができます。そのように考えて指導の順序をⅠ→Ⅱ→Ⅲとしました。

　整数であっても、くり下がりのあるひき算は苦手だなと思う子どもが多いように思います。その上、分数のひき算でくり下がりがあるとなったら、子どもたちはどんなふうに課題に向かうでしょうか。

　ひき算Ⅱ型では、「$3\frac{1}{7}-1\frac{5}{7}$」を課題にした授業にとりくみました。

　この時点で、くり下がりのない「帯分数－《ひく》帯分数」の場合は、整数部分は整数どうし、分数部分は分数どうしで引けばよいことは理解できています。それだからこそ、よけいにこの式を見たときは、あちらこちらから「えっ

たし算

Ⅰ．くり上がりがない型（整数部分どうし、分数部分どうしをたす）

$\square\frac{\square}{\square}+\square\frac{\square}{\square}$　$\square\frac{\square}{\square}+\frac{\square}{\square}$　$\frac{\square}{\square}+\square\frac{\square}{\square}$　$\square\frac{\square}{\square}+\square$　$\square+\square\frac{\square}{\square}$

$\frac{\square}{\square}+\frac{\square}{\square}$　$\square+\frac{\square}{\square}$　$\frac{\square}{\square}+\square$

Ⅱ．くり上がりがある型（答えの分数部分が仮分数になるので帯分数に直す）

$\square\frac{\square}{\square}+\square\frac{\square}{\square}$　$\square\frac{\square}{\square}+\frac{\square}{\square}$　$\frac{\square}{\square}+\square\frac{\square}{\square}$　$\frac{\square}{\square}+\frac{\square}{\square}$

Ⅲ．答えが整数になる型

$\square\frac{\square}{\square}+\square\frac{\square}{\square}$　$\square\frac{\square}{\square}+\frac{\square}{\square}$　$\frac{\square}{\square}+\square\frac{\square}{\square}$　$\frac{\square}{\square}+\frac{\square}{\square}$

ひき算

Ⅰ．くり下がりがない型（整数部分どうし、分数部分どうしをひく）

$\square\frac{\square}{\square}-\square\frac{\square}{\square}$　$\square\frac{\square}{\square}-\frac{\square}{\square}$　$\square\frac{\square}{\square}-\square$　$\frac{\square}{\square}-\frac{\square}{\square}$

Ⅱ．くり下がりがある型（被減数の整数部分の1を仮分数に直す）

$\square\frac{\square}{\square}-\square\frac{\square}{\square}$　$\square\frac{\square}{\square}-\frac{\square}{\square}$

Ⅲ．整数からひく型

$\square-\square\frac{\square}{\square}$　$\square-\frac{\square}{\square}$

!?」と小さな声が聞こえたほど、子どもたちは戸惑ったようでした。整数部分の$3-1$はできても、分数部分の$\frac{1}{7}-\frac{5}{7}$はできないからです。

いざ答えを考える時間になると、あらかじめ私が授業プリントに書いておいた図を使って調べている子もいます。また、数字だけで考えている（計算している）子もいました。答えは「$1\frac{3}{7}$」が多くて、「$2\frac{6}{7}$」という子が3、4人います。「$2\frac{4}{7}$」になった子が1人だけいましたが、周りの子の様子を見て気づいたのか、少し考えて「$1\frac{3}{7}$」に書き直しました。後で聞いてみると、「整数どうしで$3-1=2$、分数どうしで$\frac{1}{7}-\frac{5}{7}$ができないから$\frac{5}{7}-\frac{1}{7}$で、逆にしてしまった」と話していましたが、すぐにそうではないことに気づいたようでした。

はじめは「$2\frac{6}{7}$」と書いていたけど、途中で「$1\frac{3}{7}$」に書き替えたのがたけるくんでした。どうしてそうしたのかを、たけるくんはみんなに説明しました。

分数のひき算　11/21
1　$3\frac{1}{7}-1\frac{5}{7}$
(1) 答えは何になるでしょうか。出してみよう。
なぜそうなりましたか。わけを書きましょう。
(2) 計算で答えを出してみよう。
$3\frac{1}{7}-1\frac{5}{7}=$

「最初は整数の3のうちの1を10に変えて「$2\frac{11}{7}-1\frac{5}{7}$」ってしたけど、分数ものさしで確かめてみたら、11じゃなくて8になったから、ちがうことがわかってやり直した。」

同時にたけるくんは次のような図もかいて説明を補足したので、周りの子どもたちは、

「あぁ、なるほど」

と理由がわかったようです。分子は10＋1ではなく、分母の数と同じ7＋1になることを改めて確かめることができました。おもしろかったのは、$2\frac{6}{7}$と書いた子の中にも数人が、「あ、ぼくも最初にそうやりそうになってん」と言っていることです。みんなが決してすっと分母の数だけくり下げたわけではないことがわかります。たけるくんへの共感の声とともに、分数のくり下がりの場合は分母の数だけくり下がることを確認することができました。十進構造をもたない分数だからこそです。子どもたちにとっての難しさであると同時に、分数特有の構造に出会い直す機会にもなり、数の世界を広げることができました。

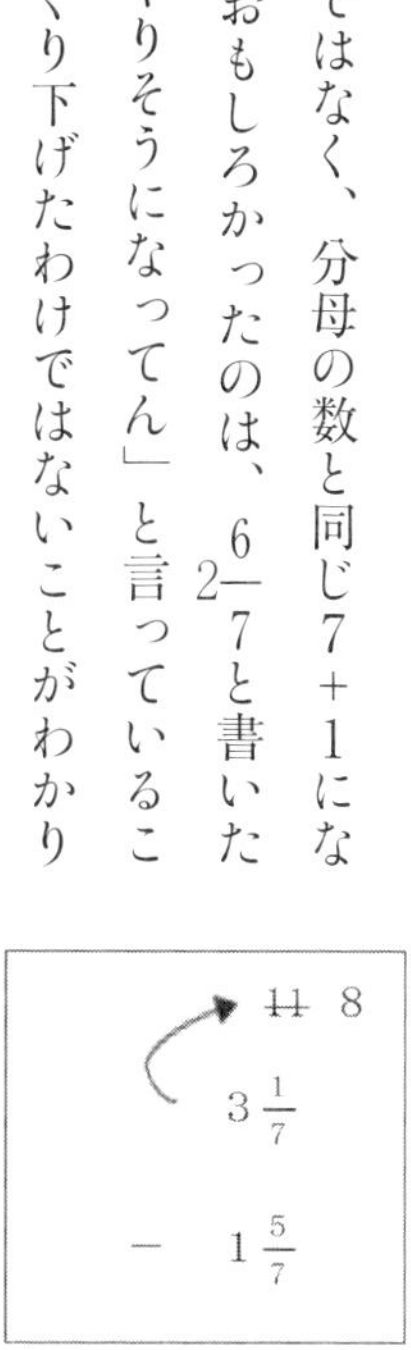

その後、練習問題を2問出しました。①「$3\frac{2}{4}-1\frac{3}{4}$」②「$4\frac{4}{9}-2\frac{7}{9}$」で、最初の問題の分母7とは違います。でも誰も7や10をくり下げず、①では4、②では9をくり下げていました。

そして、次の時間には最後のひき算の型になる整数−《ひく》分数の学習をしましたが、前時で学習したことと同じようにして、くり下がりにとりくむことができていました。

子どもたちは「くり下がる」ということばではなく、「変身する」と言っていました。「（整数の）1を7に変身させるねん」という具合です。これは、$\frac{4}{4}$も$\frac{7}{7}$も$\frac{12}{12}$も…全部1、1は何でも変身できることの学習が生きていたんだろうと思います。また、1を分数に〝変身〟させる授業の際の子どもの感想をふり返ってみます。

「わかったことは、$\frac{8}{8}$Lなどだと1Lの分数だということ。考えたことはどうしてどちらも同じ数になるのか？　わたしはそこで、分母は1Lを何こかに分けた数。だからそれと同じ数じゃないと満タンにならない」

「今日の算数で1Lになる分数のことがわかりました。1Lはどんな分数になってるかを見てみると、分母と分子の数が同じとわかりました。なぜそうなるかというと、分母は分けた数でその1Lを分けた数1ぱいになった数で、ブロックの入っているところが分けた数の満タンになっているからと書きました。けっこうわかったのでよかったです」

基準になる1Lますを満タンにするためには、分数ますの大きさを表している分母と同じ数が分子の数として必要になることが、活動を通してはっきりとしていることがわかります。これが今回のくり下がりを考える土台になっていたのではないかと考えています。

6　先へとつながる量分数をみんなで

十進構造ではない分数ならではのしくみと子どもの認識の発達の道すじを重ね合わせてみると、9、10歳の節越え期に差しかかろうとしている中学年の子どもたちにとって、量分数は少し難しい、少し上の課題として位置づくのではないかと思います。

一緒に学ぶなかま集団の中には、分母は分母、分子は分子とまだまだ個々に見ている子もいます。分母と分子を意味で関係づけてとらえる子もいます。また、数で考える子もいれば、教具を動かしながら考える子もいます。

異なる段階にいる子どもが集まっている集団だからこそ、分母の意味も分子の意味も、十進構造ではない分数のしくみも、より深く考えて理解できるのではないかと考えます。

高学年になると、わり算の答えを表す商分数、一方を1とみたときの他方の大きさの割合を表す割合分数を学習します。特に基準量の1が普遍単位ではないので、どんな大きさでも1と「みなす・考える」力が必要になります。

量分数の世界で分数の概念やしくみをじっくり学ぶことが、高学年の商分数や割合分数を獲得する力の土台になると考えます。子どもの認識の発達の道すじと認識の発達を促す視点と、分数の世界をゆたかに獲得するための学習集団づくりを大切にしながら、日々の授業づくりを重ねていきたいです。

（大谷　陽子）

高学年 理科 3

目に見えない現象に揺れる子どもたち
5年「溶解」の授業づくり

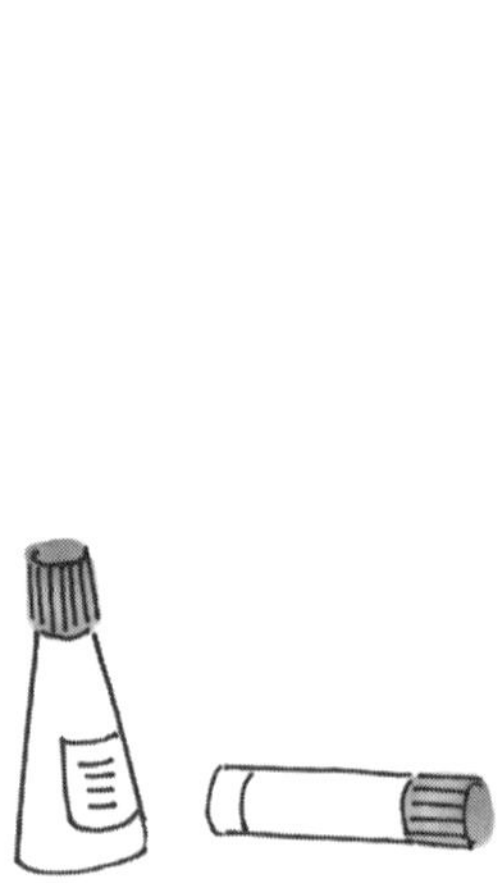

1 わからないに出会う子どもたち

なんかだんだん「とける」ってどんなことかわからんくなってきた。だってとけたのに本当は水の中にいて、バラバラになっているし、消えて水と一緒になったのにおかしい。

——ゆか

ゆかさんが「物の溶け方（溶解）」の授業を6時間進めた後に、家で書いてきたふり返りです。ゆかさんは、水に物が溶ける現象を溶けた物がバラバラになり、水と合体するというイメージをもっていました。そのため、授業で「溶ける」の事実を積み重ねていくうちに自分のもつイメージと自然の事実との間にずれを感じました。理科の学習では、自分の考えた予想とは異なる結果になることは少なくありません。結果として現れる自然の事実と向き合うことで、子どもの学びはつくられていきます。ゆかさんにとって、自然の事実によって、とらえなおしを求められた瞬間です。

5年で学習している「物の溶け方」、私たちは科学的にぴったりなことばがあるならば、そちらのことばを使うことにしているため、教材名を「溶解」としています。5年生にもなると目に見える事実を正確にとらえてことばにする力がついてきます。さらに、新しい課題に対して、以前の授業でわかったことや気がついたことを活用して考える姿などもよく見られます。この力は4年の2学期あたりから、論理的に考える力を、教材を通して問い続け、物事を一般化する見方を培う中で獲得していく思考だと思います。

では、「溶解」が5年にある意味をゆかさんのことばから考えてみます。

「だんだん」ということばからは、少しずつ自分のイメージとのずれを感じていましたが、そのずれがはっきりしてきたことを示しています。「だんだん」からも読み取ることができますが、その後に書かれている、「とけたのに本当は水の中にいて、バラバラになっている」というところから、これまでの学習を積み上げていることがわかります。さらに、「消えて水と一緒になったのにおかしい」と続きます。物が溶けるイメージを思考の中でつくりながら学習しています。つまり、この教材は、学習で明らかになった事実を積み上げながら、目に見えない現象を思考の中でイメージして、思考で乗り越えなくてはわかったことにならないのです。高学年の子どもたちはそのような学び方で乗り越えられるため、「溶解」は5年生にぴったりな教材なのです。

理科の物の学習では5年以降、目に見えない物の学習が続きます。この「溶解」を皮切りに、「物の燃え方（燃焼）」、「水溶液の性質」と、気体、水溶液の性質という物の変化から原因を読み取ることが求められます。実験結果は目に見える結果だとしても、何が起こっているのかは目に見えない教材ということです。エネルギー分野も含めれば、「電磁石（電流と磁場）」や「てこのはたらき（回転力）」などもあります。私たちはこの目に見えない物がわかることが大事であると考えています。そのため、小学校6年間の物の学習での到達させたい目標を、目に見えない現象を正しくとらえさせるとしています。その始まりである、「溶解」を例にしながら、子どものための授業づくりを考えたいと思います。

2 「溶解」の授業での子どもの姿

1時間目 ››› 『とける』を考える

○○がとける。この○○に何を入れるでしょうか。

チョコレート	バター	砂糖	アイス	ろうそく	雪	謎
あめ（飴）	氷	問題	塩	チーズ	ナメクジ	

チョコレートと入れた人、塩と入れた人、アイスと入れた人、もしかするとナメクジと入れた人や謎と入れた人がいたかもしれません。これらは子どもたちも同様に考えます。特に驚かされたのは、ナメクジや謎といった子どもの発想です。子どものくらしの中でのとけるということばは様々な使われ方を

しています。

では、〇〇が溶ける。この〇〇に何を入れるかと問うと、チョコレート、アイス、ナメクジ、謎と入れるわけにはいきません。子どもたちはくらしの中で冷蔵庫や冷凍庫から何かをとり出して、とけてしまったという経験はたくさんしている一方で、何かを水に溶かすという経験は意外と少ないです。水に溶けると思っている物は、塩や砂糖で、かろうじて飴を溶かした経験がある子が少なからずいる程度です。先輩の先生に聞くと、昔はあめ（飴）を水に溶かして、ジュースとして飲んでいたそうですが、近年はそのような子どもにめっきり出会いません。

これらの「とける」を理科という教科の視点でみると、小学校では、何を教えているのでしょうか。

まずは、【物の溶け方】という教材がうかんできます。さらには、【水の三つの姿】を思い浮かべます。小学校では、ことばは同じ『とける』だとしても、これらの『とける』を科学的に別の事柄として理解させなくてはなりません。小5の子どもたちは溶ける（溶解）といった場合には、漢字から考えて、水に関係すると気がつきます。しかし、融ける（融解）というと小学校では学習しない漢字のため、想像がつきません。ただ、子どもたちからは「とけちゃうやつ」や「液体に変わる」、「手で持ってたらべとべとになる物」など溶解

三態変化		溶解	
融ける （とろける）	チョコレート・ あめ（飴）・ 氷・アイス バター・ろうそく チーズ・雪	溶ける	砂糖 塩 あめ（飴）
解答		**浸透圧**	
解ける	問題	とける？	ナメクジ

と融解を区別して、違う現象としてとらえられていることばが出てきます。そこで私たちは、溶ける（溶解）と融ける（融解）を区別するために、〝溶ける〟と〝とろける〟と使っています。この1時間目では、これから学習するのは水に物を入れる『溶ける』方だと意識させていきます。

2時間目 ››› 食塩（A）とでんぷん（B）を水に入れると

何も言わずに食塩とでんぷんを横並びに置き、画面に大きく映し出します。子どもたちからは、

「塩違うか」

「砂糖？」

「片栗粉みたい」

「麻薬かも」

など、物の名前が出てきます。おおよそ、物を見せたときに出てくる名前が子どもたちの物の認識の土台です。ただし、ここでは2種類の名前は教えません。

「この二つの同じところと違うところを探してみてください」

と伝えると、同じところは、

「白い」

「粉」

などが出てきます。では、違うところは、

「白い粉は同じだけど、粒の大きさが違う」

「さらさらとべたべたしているように見える」

「粉とかたまり」

などが出てきます。物の見方として、今までとは違う視点で見せることを大事にして問いかけました。ここでは扱うことができませんが、これらの違いは塩とでんぷんの構造が違うためです。物の見方を少し広げて、物の名前は子どもたちに伝えずに、いよいよ本題に入ります。二つの200㎖ビーカーに100㎖ずつの水を子どもの前で入れます。用意した水を出すと子どもたちは水であることを確かめずして信じなければならないので、授業の中で水道から水をビーカーに入れます。

「これらの二つの粉をそれぞれのビーカーに入れます」

そして、入れた瞬間から子どもたちは気づきをつぶやきます。

「Aの方は下にたまっている」

「Aはそのまま落ちた」

「Bは濁っている」

「Bの水はまっ白になった」

など、二つの違いをよく見つけます。これらの二つの粉をかき混ぜてくれる人を募ると、多くの子がやってみたいと声をあげます。時間は30秒として、それぞれの粉をかき混ぜていきます。すると、

「Aは減ってない?」

「Bはまっ白で濁ってる」

30秒で区切らせたのは、途中の変化にも目を向けさせるためです。Aは溶けていきますから、最初に

沈んで見えていた量よりも減っていきます。さらに、別の子に30秒かき混ぜさせ、さらに減っていく変化を確かなものにしていきます。大体1分30秒かき混ぜると、Aは完全に溶け、Bは白く濁ったままです。このときに、子どもたちに、

「どっちが溶けたか?」

と聞きます。

「Aは粉がなくなったから溶けた」
「Aが溶けた。粉が消えたから」
「Aは粉が見えなくなったから溶けた」
「Aは透き通っているから溶けた」

多くの子たちが、Aが溶けたと判断します。ここで注目したのは、子どもたちのことばです。【粉がなくなった】のか、【粉が消えた】のか、【粉が見えなくなった】のか、今回の実験の事実から考えますと、どれも結果を表すことばとしてぴったりです。ただ、なくなったり、消えたりしたことと、見えなくなったのではイメージが違います。このときに、子どもたちがどのように考えているのかを調べてみました。

私は、【なくなった】と【消えた】は同じととらえていたのですが、子どもたちは【なくなった】は完全にビーカーの中からいなくなったということ、【消えた】は今、見えなくなっているだけと言っていました。つまり、【消えた】の中には、【見えなくなった】と【なくなった】と考えている子どもたちが混在しています。おおよそ、5年の

1学級 29人

なくなった…………… 7人
消えた……………………14人
見えなくなった……… 8人

子どもたちの半数ずつが【なくなった】と【見えなくなった】と考えているようです。

そうしているうちに、Ｂの粉の方にも変化が現れます。かき混ぜたときには濁っていたＢの粉を入れたビーカーですが、上の方は透明になり、下に粉がたまっています。このときに、下に粉がたまることを〝沈殿〟ということばとして教えます。

その後、溶けたかどうかを調べるためにろ紙を子どもたちに示します。ろ紙には、約１億分の１㎝が通るほどの小さな穴が空いていて、水に溶けた物は通り抜けるが、溶けていない物は通らない紙であることを伝えます。そして、ＡとＢの粉を入れたビーカーをそれぞれろ紙に通していきます。すると、Ａの方はろ紙を通しても見た目の変化はほとんどなく、Ｂの方はろ紙を通すと、濁っていた液が透き通って出てきます。ここで、多くの子どもたちは、Ｂは溶けていなかったと判断しますが、Ａは食塩であり、Ｂはでんぷんであることを伝えて、Ａのろ液を味見させます。味見した瞬間、

「げーーーー！　しょっぱい！」

と食塩水であることがすぐにわかります。ろ紙を通り抜けたことが明らかになりました。

最後に、物が水に溶けたときの液を水溶液と教え、水溶液は透明であり、沈殿がないということをおさえます。また溶けていない場合は、透明ではなく（濁っていて）、沈殿することをおさえました。このようにして、まず溶けたか溶けていないかの判断基準をもたせます。

Ａの特ちょうは、パラパラ、粒が小さいです。Ｂの特ちょうは、白くてフワフワしてて、さわるとちょっ

とかたまった。Bはにごる下にたまる（上がうすくなる）そのことを沈殿と言いました。まぜたあとをみて、にごると、にごったままだった。とう明にもなりませんでした。まぜる前のとう明でずっとまぜてもとう明でした。私は変化はないのかなと思いました。Aはずっととうめいだった。時間がたってもそのままだった。Aの粉はどこにいったんだろう

――りこ

Aはすぐとけて、とう明になったが、Bはとけにくく、しばらくしたらビーカーの底に沈殿しました。Aはとう明に見えるが、めっちゃ小さくなっただけで、消えたわけではなく、1億分の1㎝ということがわかった。

――じろう

2時間目の授業後に書いたふり返りです。りこさんとじろうくんの二人とも、溶けると溶けないの違いをことばにしています。また、溶けた物の行方が気になるようです。りこさんの場合は、溶けた物が消えてしまったよう思っていましたが、一方じろうくんはろ紙の大きさとつなげて、溶けた物は小さくなるだけで消えてはいないと気がつき始めています。一人ひとりの子どもの学びがいつこの問いを明らかにするかが授業づくりでおもしろいところです。

3時間目 〉〉〉 べんがらとニクロム酸カリウムは溶けているか

ここでは、有色透明になるニクロム酸カリウムと有色で濁るベンガラで透明・沈殿なしの溶けたかどうかの判断を問いました。ここで最初に紹介した、ゆかさんのふり返りを紹介します。

溶けたとはんだんするのは、私できなさそう。今までの理科は絶対条件にあってないといけなかったけど、今回は条件にあっていなくても溶けている物もあるから。これからいろんな物を溶かすと思うから、徐々に判断できるようになりたい。

――ゆか

ゆかさんは色がつくことによって、透明＝無色ではないという事実に出会います。無色と有色、透明と不透明についても子どもたちの中では、混乱しやすいことのようです。

4時間目 ››› でんぷんと食塩の入った水から食塩水をとり出す

１００mLの水の中に食塩５gとでんぷん５gを入れてかき混ぜました。このでんぷんと食塩水から食塩水をとり出す方法を考えました。子どもたちの考えでは、（数日間置いておく）や（熱する）なども出てきましたが、ろ紙を使うことが話し合いで決まりました。このときに正しいろ過の方法なども合わせて教えます。

ろ過するのに使った、ろ紙にでんぷんが固まっていた。ろ紙にあいている穴は見えなかったけど、1億分の1cmって針をさしたときの穴より小さいのかな。ろ過する道具があればきたない水↓きれいな水にできるかな。

――ゆか

ゆかさんは、目に見えない物をまず目に見えるもので置き換えて考えています。目に見える物がわかることから目に見えない物がわかるためには思考の飛躍が必要です。そのため、ゆかさんが、まず目に見える物に置き換えて考えているというところを大事にしたいと思います。

5時間目 ››› 水に溶けた食塩を取り出す

水に溶けた食塩を取り出す方法をみんなで考えました。子どもたちにとってこの方法は思いつきにくそうです。

「ろ過する」

とある子が発言をすると、すかさず

「通り抜けるから無理や」

と発言が続きます。

「もっと細かい塩が止まるようなろ紙はないの?」

と聞く子もいます。

子どもたちは食塩を水から取り出す(すくい出す?)ことを考えている子が多いです。そこで、水はいらないことを伝えると、

「水をどこかにやったらいいんかな」

「それなら、ほっといたらいい。カピカピになるから」

ここまでくると、子どもたちは水を蒸発させる方法として、窓際に置いておくのと、火にかける方法に気がつきました。蒸発皿などを紹介して、蒸発乾固を実験方法とともに学習しました。

いまいち理解できない。なんで蒸発したらかわくのか……理解しないとよくわからへんから理解できるようになりたい。あと、溶けて見えない（消えた）のに水がなくなれば塩が残るのか不思議。塩は溶けてないのかな。

——ゆか

ここで、ゆかさんは溶けるとはどんな状態なのかと考えを深めています。いまいち理解できない、とありますが、わかりたいという強いねがいがこもっているように思います。ゆかさんは溶けて見えない（消えた）のにもかかわらず、水が蒸発をしたら、塩が出てくる。この授業のときに、溶ける＝消えるのイメージが崩れ始めたのです。

3　理科の二つの学び方

私たちは授業において、大きく二つの学び方があると考えています。一つ目は、事実を確かめ、何がわかったかをまとめていく学び方です。これを帰納的な授業と呼んでいます。「溶解」の授業において、前述した5時間目までがこの学び方を求めた授業です。二つ目は、これまで積み上げた事実から課題を予想、検証（実験観察）することで一般化をする学び方です。これを演繹的な授業と呼んでいます。これから述べる6時間目と7時間目は、演繹的な授業をしています。これまでの学習でまとめた事実とわかったことをもとに、課題に迫らせることで、物事の一般化を図り、論理的に考える力を育てることが目的です。

6時間目 ››› 水に溶けた食塩はビーカーのどこにあるか

300mLビーカーに250mLの水を入れて、薬さじで山盛り一杯の食塩を水に入れます。溶け残りがなくなるまでかき混ぜ、溶け残りがないかを子どもたちと一緒に確かめます。これ以上かき混ぜないことを伝えて、ビーカーの水流がなくなり、一息ついたときに課題を出します。

「溶けた食塩はビーカーのどこにあるか？」

ここからビーカーの移動は子どもたちに揺らしていないことがわかるように大げさなほど慎重に扱います。この行為によって、子どもたちの考えは揺さぶられていくだけではなく、中の食塩はどうなっているかをより考えようとします。

「かき混ぜたから全体にあると思う」
「これってもうかき混ぜないのやんな？」
「確かめるのは何分後？」

など、考えや質問を話します。

「ではノートにビーカーの絵を描いてください。そのビーカーの中の食塩が見えたとしたら、食塩がどこにあるのかを考えて、食塩の絵を描き入れましょう」

と伝えます。すると次のような絵が出てきました。

この予想を聞くと、1学級29人（欠席1）㋐10人、㋑14人、㋒3人、㋓1人となりました。それぞれの予想を聞いた後、予想した理由をノートに書きました。

それぞれの考えをもとに、話し合いをします。するとすかさず、㋓の理由に意見が出ました。

予想と理由

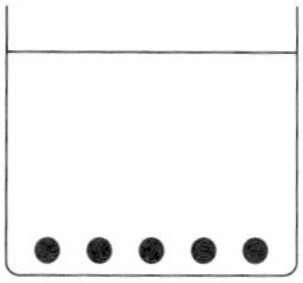

㋐　10人

・火であぶったとき、塩はそこにあった。塩を入れたとき、下に落ちていっていたから。
・食塩には重さがあるから沈む。

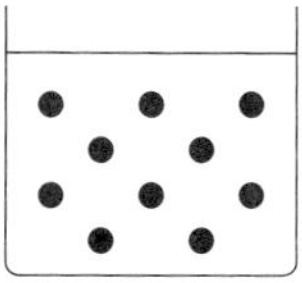

㋑　14人

・ライトで照らしたとき全体にあったから。（シュリーレン現象）
・混ぜたときに散らばっているから。
・ジュースを飲んだらどこでも味がする。

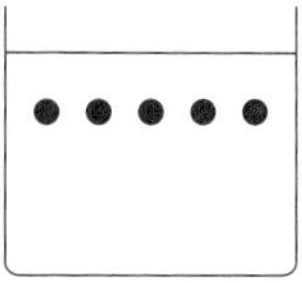

㋒　3人

・食塩の粒は小さくなって軽くなったから、浮く。

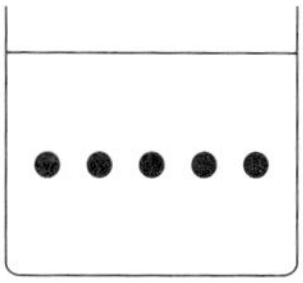

㋓　1人

・どちらにもいかずに真ん中に集まるから。

「㋓の理由がわからないんだけど、どうして真ん中にいるの？」

「軽すぎたら浮くし、重すぎたら沈むけど、水と一体になっているから軽すぎでもなく、重すぎでもないから、真ん中」

「水に一体となっているんやったら、全体にあると思う」

「でも、食塩は小さくても重さがあるから、沈むと思う」

ここで頷く子どもたち。重さがある＝沈むと考えている子もいるようです。

「いや、木は水の中で浮くから、軽かったら浮く」

「溶けたときの大きさは1億分の1㎝だからとっても小さい」

「小さいから軽いってこと？」

「うん、めっちゃ軽い。だから浮く」

「じゃあ軽かったら浮くし、重かったら沈む。

ここまでの話し合いで、自分の考えをことばにしながら、なかまの考えに揺さぶられて、溶けた食塩の様子をイメージしています。「〇〇だったら」や「でも」となかまのことばに反応を示しながら、自分の論理をなかまの論理とともにつくりなおしています。

ただ、この課題を演繹的に行うのには少し無理があります。それは、溶けた食塩の粒が全体に広がっているのは、水の中で食塩の粒が動き回っているからです。これまでの学習の積み上げでは、子どもたちのことばにあるように、（水よりも）軽ければ浮く、（水よりも）重ければ沈むというところまでです。ただし、㋑の理由の中にあるように、ジュースを飲んだらどこでも味がするというのは、これまでの学習の積み上げではなく、経験です。そのため、学習の積み上げによる考えではありません。しかし、物が溶けたときの、均一性をよく表している考えではあります。少々無理のある課題ではありますが、論理的に考える力を磨くには予想し、検証する学び方でも行えます。

話し合いの後、なかまの考えを聞いて、もう一度予想します。最初の考えから変えられる機会をつくることで、自分の考えをもう一度見つめなおさせます。

だから、㋐か㋒と違うか」

「水と一体化していると㋑もある」

1	2	3
4	5	6
7	8	9

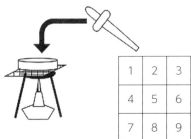

その後、食塩水のビーカーの中を9等分に分けて、それぞれの班が一つずつの場所を担当し、その場所の食塩水をスポイトで取り、蒸発乾固して確かめました。全体に散らばっていると予想している子も、1・2・3から食塩が出てくると安心した表情をしていました。全体から出てくるという結果が出た後、子どもたちの考えの中での浮き沈みのきまりと溶けた物は水の中でバラバラになって動き回っていることを教えます。

今日やったやつだけど、そもそもなんもしてないのに中にある塩が動いているってなんで?それが納得できない。㋒かな?と私は思った。とちゅうで、でも塩の方が重いって信じたから!水の方がたしかに量では勝っていたけど、1個と比べているから!

——もも

溶けた物の粒の流動性については、5年生の子どもたちの課題を超えていました。ただ、重さによる浮き沈みは、納得できています。目に見えない物を考える上で、重さの概念は子どもたちにとっても欠かせないもののようです。

とけて見えなくてもバラバラになって水の中にいることが分かった。なんかだんだん「とける」ってどんなことかわからんくなってきた。だってとけたのに本当は水の中にいて、バラバラになっているし、消えて水と一緒になったのにおかしい。

——ゆか

冒頭にふれた、ゆかさんのふり返りはこの溶けた物の均一性を扱ったときに出てきたものです。溶けるとは何か？を問い続けながら学習しているゆかさん。ゆかさんは、前回の授業では消えた（なくなった）と考えていたのが、水と一緒になったと、ビーカーの中にはバラバラの形で存在しているという見方に変わってきています。学習を積み上げることによって、目に見えない物が思考の中で立ち上がっているようにも思えます。

8時間目 ››› 水500gに食塩30g溶かしたときの重さは何gか

私たちは演繹的な課題を出すときに、結果を問うように気をつけています。それは、結果を考える中になぜだろうかと考える根拠が含まれるからです。つまり、〇〇となるのは、なぜだろうかという課題は出さないということです。結果を考える授業の中で根拠に向き合わせます。

さて、8時間目の授業。いよいよ、溶けた物が中にあるという決定的な証拠となる重さの授業です。すべての物には重さがあり、すべての物の出入りは重さに置き換えてよいという点からも重さは普遍性があります。そのため、「溶解」の第一次〝溶けるとは〟の最後に重さの授業を行います。

500㎖のビーカーを秤の上に置き、水を加えてビーカーと水を合わせて500gにします。そして、水の入ったビーカーを秤から外し、30gに量った食塩を水に溶かします。その後、演繹的な授業を行う課題を出します。

「水500gに食塩30g溶かしたときの重さは何gか」。㋐500gより軽くなる、㋑500g、㋒500g～530g、㋓530g、㋔530gより重くなる。

　ここでの予想は自由に考えさせるのではなく、こちらから示します。これは、どの子も自分の考えをもって学ばせ、学び合いを図るためです。

　子どもたちは下のように予想しました。意見が出された後、話し合いです。

「小さくなった分少し軽くなるに反対で、小さくなっても元は30ｇだから変わらない」

「小さくなったら、重さにならない粒もあると思う」

「全部が１億分の１㎝だったら重さはなくなると思う」

「５００ｇ＋30ｇ＝５３０ｇってそんな簡単でいいん？　だって、溶けたら大きさは変わってる」

「30ｇ入れたから30ｇ分重さが増える」

「小さくなっても、元の量は変わらない。ちりも積もれば山となるみたいな」

　この後、「ちりも積もれば山となる」に「わからない！」などの声が上がるのですが、溶けた物が中にあるということは子どもたちに乗り越えさせたい目標です。子

「水500ｇに食塩30ｇ溶かしたときの重さは何ｇか」予想と理由（1学級29人）

㋐ 500ｇより軽くなる　0人

㋑ 500ｇ　2人
・溶けて消えたので重さは残らない。
・1億分の1㎝の粒は一つも秤で量れない。

㋒ 500ｇ～530ｇ　8人
・1億分の1㎝になったので、小さくなった分軽くなる。
・小さくなった分少しは軽くなる。

㋓ 530ｇ　19人
・500ｇ＋30ｇは530ｇ
・1億分の1㎝になっても、入れた分が30ｇなら重さは30ｇで変わらない。

㋔ 530ｇより重くなる　0人

どもの論理の中の1億分の1㎝の粒は秤で量れないというのは、考えさせられます。確かにもし溶けた食塩の粒1粒だけを取り出せたとして、秤に乗せても秤量の問題で秤は重さはなしと示すでしょう。どの物も元をたどれば原子・分子の1億分の1㎝が集まってできた物です。そのことに迫るような子どもの考えです。合わさると重さとして表れてくるということです。このような学び合いの中で子どもたちは自分の論理を組み立てたり、それを伝えたり、また正しいことを明らかにする力をつけていきます。

最後に台秤に乗せて、530gであることを確かめました。

溶けても重さはあることが分かった。「溶解」というのはその名の通り「溶けながら分解されている」のかな。分解されただけやったら、重さも残るかな。水はただ食塩を消したんじゃなくて、分解していると考えたらいいのかな。

――ゆか

ゆかさんがもっていた水に溶けるのイメージは水の中で消えるから始まり、水と合体するというイメージに変わり、「溶けながら分解されている」というイメージに変わりました。自分のもっていた溶けるイメージでは説明できない事実と向き合い、イメージの変換を求められ続けてきたゆかさん。「溶解」という目に見えない現象がわかるとはこのようなことを指すのではないでしょうか。

4 6年間を通して理科でつけたい力

小学校の理科は何を教える教科なのかということを私たちは論議してきました。今のところの到達点として、小学校の理科は自然科学の基礎を教えると考えています。子どもたちには、理科は自然と自然のきまりを学ぶ教科ということばにして伝えています。その際に大事にしたいことは、筋道立てて考えたことと、自然との一致を広げていくことです。つまり、自然科学の法則に照らし合わせて、考えられるようになることを目指しています。

理科は、いずれ教科の中でも分岐し、物理・化学・生物・地学と領域が分かれます。ただ、小学校ではそれらの領域ごとに到達点をもたせられるわけではないと感じています。小学校の中では、1年の生活科の学習の中身から6年の理科の中身までを生物的教材（生き物とそのくらし）と、地学的教材（地球と宇宙）、物理化学的教材（物とエネルギー）とに大まかに分けて考えています。

生物とそのくらしで、6年間のつけたい力を考えたとき、生物の本質は何かと問わなければなりません。私たちは生物を自分の体を維持するための営み（個体維持）と種を絶やさないように繁殖すること（種族維持）が大事であると考えています。個体維持においてとりわけ欠かせないのは、〈食べる＝栄養を取る〉と〈呼吸〉です。生物は多様であるため、種の多様な生き方を含めた多様性を無視することはできませんが、どの生物にも共通している生きていくための営みにこそ普遍性があると考えます。子どもたちにとって生物ととらえにくい植物であっても例外ではありません。

物とエネルギーでは、目に見える物の性質・現象を正しくとらえるところから始まります。そのためには、４年生までの学習で、自然の事実を正しくとらえる力をつけさせたいです。３年の「磁石の性質」などは目に見えないように一見思えますが、そこは到達させたい目標ではなく、磁石の性質の事実を学ぶところです。また、４年に「空気と水」で空気という目に見えないものを扱いますが、空気も物のようだと気づかせることが重点であり、空気がわかることが目標ではありません。その上でとりわけ重要となるのが、物の普遍性でもある重さと体積です。物には必ず重さがあり、体積があることを物の学習の中では必ず扱いたいところです。物には重さがあるという理解は、目に見えない物をとらえる上で欠かせません。ゆかさんが、溶解の事実を理解することができたのも、溶けた物の重さを手がかりにすることによってです。６年の「物の燃え方」においても、気体の出入りを考えていく上で、重さが重要になります。今後私たちは６年間の系統性を見通して研究を続けていきたいと思います。

（勝原　崇）

第3章 教科外教育

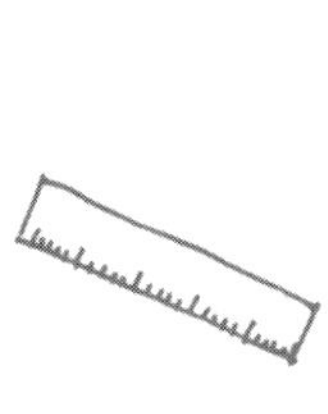

子どもたちにどんな力をつけてほしいかと考えたとき、私のやっていることは「大人の言うことを聞く力」を求めていることなのではないかと気づいて、愕然としたことがあります。子どもたちにああしてほしい、こうしてほしいだけでなく、こうしなければならないとあれこれ求めていたのです。そうすると、教室にあふれるのは指示のことばばかり。子どもたちに指示し、それをきかせることこそ、教育だと思い込んでいたように思います。しかし、そうではありません。誰かの言う通りに動くのではなく、他者と手をとり合いながら、みんながともに生きる社会を自らつくる、そんな力をつけてほしいと思います。

そのために、教科外教育の果たす役割はとても大きいと考えています。教科外教育で大事なこと（教科教育でもそうですが）は、子どもが自分たちでわかっていくことだと思うのです。自分で体験して、失敗して、考えて。自分で、自分たちでつかみ取っていく過程を保障したいと考えています。

社会の中でよく使われる「多数決」をめぐっても、子どもたちは体験しながらわかっていきました。

1 多数決から見えたこと

たてわりグループ（1～6年までの異学年グループ）の名前を決めようと、6年生が全校のみんなに呼びかけました。各クラスから案をもちより、それを6年生がいくつかにしぼって、全校で投票して決めるというものです。

どのクラスも一生懸命考えます。3年生のクラスでも、次から次へと案を出していきます。全部で20個の名前が出そろいました。そこから、クラスで一つにしぼらなければなりません。子どもたちは「多数決で！」と言います。そのとき、担任は20個もあるのに、いきなり多数決は無理だろうと思いました。多数決をするなら、それぞれの案の賛成意見や反対意見を出し合ってからだと。でも、子どもたちはすぐに多数決をしたがるのです。子どもたちの言う通り多数決をしてみることになりました。

結果「あじさいグループ」という名前が選ばれました。決まったとたん「あじさいは嫌や—！」と泣き叫ぶ子が。「あじさいグループ」という名前の悪口を言う一部の子たち。決まったことに文句を言われて腹が立つ子たち。クラスの雰囲気は悪くなります。そこで、賛成意見と反対意見を出し合うことになりました。

「あじさいは枯れて死ぬから、『うちゅう』グループがいい」

「でも、次の年に花が咲くから、命はつながっている」

「ほお〜」

「たしかに！」

納得できない理由を伝えて、それについての意見を聞いて。子どもたちは揺さぶられていきます。意見を出し合ってから、もう一度した多数決。また「あじさいグループ」が選ばれました。今度はみんな納得です。自信をもって、6年生に

「うちのクラスが考えたのは『あじさいグループ』です」

と伝えることができました。

こうやって子どもたちは自分でやってみて、わかっていくのです。私たち大人が効率を求めて、子どもたちに「すぐ多数決をしてもだめ。賛成意見と反対意見を言って、話し合うんだよ。多数決は意見を

出し尽くしてからするものだよ」と教えることは簡単です。でも、そうやって大人にこうあるべきと示されても、子どもたちはわかりません。わかった気にはなるかもしれませんが、本当の意味でわかるわけではないのです。自分たちでやって、つかみ取っていくもの、それを保障することが学校で必要だと思うのです。

多数決をめぐっては、5年生で大きなもめごとが起きたこともあります。

体育大会は児童会行事としてとりくんでいます。6年生から、学年種目をするから、各学年で種目を決めてくださいと呼びかけがありました。

5年生では、早速学年みんなが集まって話し合いをしました。体育大会のめあて「全力を出し、協力してできた一人ひとりのがんばりをつみ重ね続けよう」「つみ重ねているがんばりを見つけ伝え合おう」を実現するためにはどんな種目がいいかと考えていきます。出たのは「リレー」と「大縄」。話し合いでは、リレーが圧倒的に多数です。「みんなでバトンをつなげる」「一人ひとりが全力を出せる」などたくさんの意見が出ました。それに対し、大縄についてはほとんど意見が出ません。「盛り上がる」「失敗しても励ましたらいい」などの意見が出ても、すぐに反対意見が出ます。それに対して、反論は出ませんでした。話し合いの流れで言うと、リレーになることは明らかでした。

それなのに、いざ多数決をとってみるとほぼ同数なのです。数票の差でリレーに決定しました。この結果に納得できないと怒る子どもたち。

「大縄の意見がほとんど出なかったのに、なんでこんな結果なん」

「リレーに反対なんやったら、その理由を言ってほしかった」

「もし大縄になってたら、なんで大縄かわからないまますることやん」

多数決で決めることが当たり前だった子どもたち。多かったら何でもいいのか。葛藤が生まれていました。


それ以降、この子どもたちは多数決を使わなくなりました。話し合いで意見や反論を出し尽くした上で決定をすることをめざすようになっていったのです。

ここでは多数決を取り上げましたが、みんなで一緒に生活していく中で、様々なことが起こります。うまくいかないことやもめることも多いです。そんなとき、どうしたらいいのか、みんなで考えて話し合って工夫することを大切にしたいです。そうやって、他者と手をつなぐ力を育んでいきたいと考えています。

2 自治の力を育む

教科教育との両輪によって子どもの成長・発達を支えるものが「教科外教育」です。教科外教育では子どもの自発性・主体性を大切にしながら、「自治の力」を育むことをめざしています。では、自治の力とはどのようなものなのでしょうか。私たちは自治の力を次のようにとらえています。

・子ども、あるいは子どもたちが自分自身のねがいをことばにして、自覚すること。
・そして、民主的な手続きでそれを実現していくための、道筋を学んでいくこと。

このような力を育んでいくためには、次の二つのことが必要だと考えています。

一つ目は「各発達段階に応じた、集団的な課題（もめごと・トラブル・困り感など）の経験」です。集団の中では様々な課題が表れますが、それは、その子、あるいはその集団だからこその発達課題です。そこでの経験を積み重ねて、子どもたちは成長・発達をしていきます。

このような経験は、子どもたちの日々のくらし、そして学校での集団生活のなかで積み重ねられていきます。ですから、そのような発達課題を教員集団だけでなく、おうちの方とも共有しながら子どもを支えていく必要があります。

子どもが困らないように、発達課題に直面しないようにと周囲の大人が手を加えてしまうこともあるでしょう。しかしそうではなく、子どもたちがしっかりと困り切れるように、自分たちで決めていけるスペースを存分に保障していきたいと考えます（子どもだけの集団ですごす自由な時間も成長・発達のためには重要。そう考え、休み時間も教育課程の一場面として保障しています）。

それに加え、二つ目は、「その集団的な課題を一つ高次なものへ引き上げるための指導者による課題設定」です。行事や特別活動、児童会活動などの場面を設定して、子どもたちだけでは出会いにくい課題を提示します。教科外教育を狭義にとらえるとすれば、二つ目のこの部分がそれにあたります。

しかし、子どもたちが主体性を発揮しながら自分たちのくらしを自分たちでつくる力（自治の力）を育てていくためには、日々のくらしを土台としながら、子どもの発達課題をとらえていく視点が大切だと考えます。

ですので、この二つを合わせて、広義の教科外教育ととらえたいと思います。

学校行事だけでなく、子どもたちが自由に関わり合う時間や、余暇。そうした「自由な時間」をどれだけ保障できているだろうかと、コロナ禍を経験したからこそ、一層考え続けていきたいと思います。

3 6年間とその先を見通して

発達段階に応じた経験を積み重ねていくために、それぞれの学年で大事にしている視点があります。それは集団の規模やはたらきかける対象といった、子どもの視野の広がりに応じた課題を設定することです。本校での6年間を大まかにみてみましょう。

1年生では、入学してきたその日から、「あいぼう」として6年生との1対1のかかわりが始まります。「あいぼう」というのは1年生と6年生のペアのことです。教員やおうちの方といった大人ではなく、子ども同士のかかわりを通して、1年生は学校での過ごし方に見通しをもっていきます。その中で、他者を意識し、「自分もああなりたい」というねがい

がもてることを大事にします。

また、少し年上の2年生とのあいぼう関係もつくります。少し先の自分の成長も見通します。


2年生では、学級での係活動が始まります。当番活動とは違い、自分たちが「ねがい」をもち、それを実現するのが係です。自分の好きなこと・やりたいことを通じて小規模なつながりをつくる「この指とまれ式」の活動です。例えば、お笑いが好きな子は「おわらい係」に、本が好きな子は「図書係」にあつまり、気の合う数人とのつながりをつくっていきます。少しずつ学級へとはたらきかけていきます。

また、時には「おたんじょうび会」のように毎月数人の実行委員で行事をつくることを通して、集団にはたらきかける経験を積み重ねていきます。誕生日会というほぼ毎月の行事にすることで、必ず誰もが一度は実行委員を経験します。誕生月の人をお祝いするという会の意味もはっきりしています。その中で「○月生まれの△△さん」という具体的な誰かを思い浮かべながら、学級全体で楽しめる会をつくっていくのです。めあては、「○月生まれの人をお祝いする」、プログラムは1．はじめのことば、2．遊び、3．○月生まれの人の話、4．プレゼントわたし、5．おわりのことばなど、毎月ほぼ同じになります。そういう決まった枠組みの中で、見通しをもてることに安心して「クラスのみんな」を意識する経験を積み重ねていきます。


「いよいよ」

——みほ（2年）

10月のおたん生日会をしました。プログラムはこうです。①はじめのことば　②ポイントさがしめい

ろ　③小さい時の話　④プレゼントわたし　⑤おわりのことば　⑥歌　⑦かんそう　というじゅんばんです。

わたしは、じっこういいんがはじめてだったので、うまくできるかドキドキでした。でも、10月のおたん生日会がおわって、自分の中で（うまくできた）と思いました。そして、新しい「歌」が入ってよかったと思いました。

3学きに、じっこういいんをして、また新しいことしたいな～と思いました。

3年生では、係活動をさらに発展させていくことになります。学級集団を視野に、呼びかけ・はたらきかけを行っていくのですが、その際にそれぞれの係が「どんな学級（集団）にしたいか」というめあてをつくり、それを意識しながら活動を行っていきます。「本を好きになってほしい」「運動が苦手な子も休み時間に外で遊んでほしい」など、「みんなにどうなってほしいか」というめあてをつくって、活動をえがきます。もちろん、そのめあてと活動が結びついていないこともあります。やりながらだんだん、みんなの姿が見えるようになっていきます。

「係の会」　――えいと（3年）

今日、5時間目に、おたのしみ係の会がありました。ビンゴゲームでした。ぼくは家にビンゴゲームがあるから、

（これはいける）

と思ったけど、まさかのビンゴできないままおわってしまいました。しゅうは2こもビンゴしました。それがうらやましかったです。

この会はよく、くじまでつくってやってたから、これをさんこうにして図書係もそういうことをしようと思いました。

4年生でのとりくみは、学級内の係活動に加え、学級外の他者へと意識を向ける活動を指導者側からしかけていきます。特別支援学級（19クラス）の子どもたちとの交流行事や、夏休みの自由研究や自由作品を持ち寄った「4年生自由研究・作品展示会」をつくっていきます。

特別支援学級との交流行事は、それぞれの学級から実行委員をたてて、一緒に話し合います。特別支援学級の教員に障害や発達について話を聞き、自分たちの率直な疑問も出していくことを大切にしていきます。そうやって学びながら、どうしたら一緒に楽しむことができるのかを考えて、行事をつくっていきます。一緒にプールでワニさんリレーやビート板リレーをする。特別支援学級のみんなが育てたサツマイモで焼きいもをする。楽しいとりくみを考えます。時には、お互いのクラスを知り合うために、歌の発表会を開くこともあります。知り合うことが、仲良くなることだと考えてのことです。

「19ｃとあそぶ会」

――りあ（4年）

今日19ｃの子とあそぶ会がありました。それでさいしょは、いみわからなくて、「ハァ」ってなりました。

でもいみがわかってきてスタートしました。

さいしょに、わたしのしゃしんをみつけてくれたのは、「ゆうくん」です。なまえをおしえて、言う、そういうのがすごくたのしかったです。

つぎは、わたしたちがさがします。いがいにおもったよりむずかしく、でもみつかりました。わたしがみつけたのは「そうくん」です。みつけてしゃべっていたら、前19ｃにいた教生先生の「たむら先生」と「しゅんくん」がいました。しゅんくんとしゃべると、わたしの手をしゅんくんの顔にもっていって、ほっぺをさわってってアピールします。またしゃべりたいです。


これまでは大きな行事を1回つくることが多かったのですが、近年は小さい行事を2回開くクラスも増えてきました。ある学級では、「なんでもバスケット」（みんなで円になり、おにの子が好きなものを言います。好きなものが同じだったら移動していすを取り合うという遊び）をすることになりました。一人ひとりの好きなものが知り合える、と自信満々です。ところが、いざやってみるとうまくいきません。全員を知り合えると思っていたのに、ずっと座っている子が出てしまうのです。知り合えなかったというふりかえりをもとに、2回目は小グループに分かれて、はないちもんめやじゃんけん大会をして遊ぶという会を計画しました。こうやって、やりながらわかっていきます。今まではたらきかけてきた学級のなかま以外の他者に出会い、他者のことを考える経験をするのです。

このようなとりくみは、必ずしも子どもから「これがしたい」と出てくるわけではありません。特別支援学級との交流行事にしても、子どもたちが特別支援学級を常に意識していてなんとか仲良くなろうといつも思っているわけではありません。ですが、指導者側が設定した課題が子どもたちの課題に合っていたとき、子どもたちは自分たちで「したい」と思ってとりくみます。そのための教員の指導性を考えたいと思います。

高学年になると、学年から全校、そして社会へと視野を広げていくことを目指します。

5年生では、学年で活動する「学年タイム」という時間を設定して、自分たちでどんな学年になりたいか。そのために何をしたいかを考えながらつくっていきます。5年委員を学級から出し、その5年委員がみんなの要求を集め、進めていく、という民主主義の進め方を経験する時期でもあります。リレー大会、王様ドッジボール大会など小さな会の積み重ねで、学年みんなで話し合うことを経験していきます。

「5年タイム」

――あや（5年）

今日の6時間目に、5年タイムがありました。前は全然いろんな人と話せなかったから（今日は話せるかな？）と心配していました。でも、作戦タイムの時とか、順番を決める時とかにちがうクラスの子と初めてしゃべれたし、私はめあてを達成できたと思いました。

前回の「なの花」（学級通信）で「五年委員に話す機会をつくってほしい」って書いてたけど、話してみると、自分から話す機会をつくって仲を深めるんじゃないかなーと思いました。これからも5年タイムで話す機会をつくって、知らない人をなくしていきたいです。あと、気軽に話せるようになりたいです。

いざやってみると、みんなが「お客さん」のようになっていきます。会の成功、失敗を5年委員のせいにするのです。「わかりやすくしてほしい」「おもしろくしてほしい」「仲良くなれるよう工夫してほしい」といったように、サービスを要求するようになっていきました。自分たちが楽しめたら、5年委員の企画がよかったと評価することまでありました。

でも、そうではありません。学年みんなで直接すべてのことを話し合えないから、5年委員をたてて進めているのです。学年タイムをつくるのは、5年生一人ひとり。全員がつくり手です。あやさんが日記に「自分から話す機会をつくって」と書いているように、めあてに向かって自分で動いていくことや、みんながつくり手であることを、学年タイムで経験しながら学んでいきます。

2学期には、体育大会の委員会に入り、6年生と一緒に全校にはたらきかける経験もします。

そして、3学期には、全校を意識したとりくみを自分たちで行います。これまで6年生が進めていたたてわりグループを5年生が進めるのです。自分のグループの1年生から6年生を思い浮かべて計画し、実際にはたらきかけます。6年生になるために、グループをまとめる力をつけたい、と

子どもたちは張り切ります。一人ひとりが1年間でがんばったことのカードをつくってみんなで遊ぶ神経衰弱。大学内のチェックポイントをグループでまわるスタンプラリー。ビー玉でオリジナルの車をつくりみんなで走らせるビー玉工作。毎年いろいろな会がつくられます。ただみんなが楽しいというものではなく、児童会のめあてにそった活動づくりを通して、全校へと視野を広げていきます。

「1〜4年をまとめるって…」

――はる（5年）

今日、3・4時間目につきグループ集会がありました。今回はいつもの平和のことを知るじゃなくて、5年生が1〜6年生をまとめる会でした。することはスタンプラリーで、そのスタンプを押すごとに1〜6年生のがんばりを知れたり、仲を深められたりする会でした。でも、6年生はいつもそんなに聞いていない1年生をなんとか聞いてもらえるようにせっとくしてるから、まとめることができるか心配でした。

そして、ルール説明が終わって始まりました。まず、玄関前に行きました。すると早くも1年生がどこかへ行ってしまいました。こんな風に何をするか分からないので、はなれないようにしないといけないと思っていました。（1年生はすぐに見つかった。）

最初の場所の絵クイズに行きました。ルールを説明してから6年生が絵を描き始めました。すると、急に走るし、急に2年生VS4年生の戦いが始まるし、グダグダでした。その後も6年生のがんばりは聞かないし、ジェスチャーは勝手に始めるし、1〜4年生をまとめるってめっちゃ難しいことだなと思いました。

でも、最後に2年生が「楽しかった。クロスワードすごかった」と言ってくれたので、ちょっとやってよかったと思いました。次はちょっとまとめたいです。

6年生になると、いよいよ児童会づくりを最高学年としてリードしていきます。児童会づくりを進めていくために、児童委員を選挙で決めます。6年生全員が委員会に入ります。子どもたちが全校にとってどんな委員会が必要かを話し合い、決めるところから始めます。1年間委員会の意味を考えながら、ねがいをもち活動をつくっていくのです。全校のなかまにはいろんな子どもたちがいます。その中で、どの子にもはたらきかけるためにはどうしたらいいか、話し合い、やってみて、葛藤しながら、全校集団を発展させていきます。また、あいぼうをむかえたり、たてわりグループを組織したりして、他者の立場を考えながら 集団性を高めていきます。1～5年生は、6年生のはたらきかけに応えながら、児童会を担う一員としての経験を重ねていき、また、自分たちが6年生になったときに全校集団にはたらきかけていくことになります。

「たてわりグループ集会」　――だいや（6年）

今日は、六年生が初めて進めるたてわりグループ集会がありました。ぼくは、あいぼうを14クラスにつれていきました。そしてつくえを動かしてみんなに自己紹介カードを書いてもらいました。その時、あいぼうが泣いてしまって理由を聞くと「書くのがいや」と教えてくれました。だからぼくが書きました。みんなに書いてもらった後にクイズをしました。クイズをしているとみんな話せるようになりまし

た。ぼくは、

（よし、まず話せるようになった）

と思いました。

次に全校集会で体育館に行きました。集会で専門委員を発表しました。そこにだれかが「文化委員やったんや」と声が聞こえて、自分も専門委員だと改めて思いました。ぼくは、何とかみんなをまとめることができたのでうれしかったです。

「言えなかった」

――ひめ（6年）

今日は第4回の委員会があって、第3回にめあてを決めたから、活動することを考えた。私が考えたのは、「今年もおやつづくりをする」と「夏にもお楽しみ給食をする」を言いました。

そして、話し合いはどんどん深くなって、ひろの意見がいいとなり始めた。ひろの意見は「かぜの予防をポスターに書く」でした。私は、最初はいいな～と思ってたけれど、だんだん私は反対になってきました。理由は、かぜは今の時期にはやっていないことでした。私は、

（今の時期、熱中症とか食中毒とかでしょ）

と思いました。

けど、私は反対意見を言えませんでした。理由は、自分でもよくわからないけど、多分13人も賛成が出てたこと。だれも不思議に思わなかったのかなぁ～と思いました。

けど、先生が

「かぜは今の時期はやっている？」

と聞いたので、方向が変わりました。でも、ポスターを書くに決まりました。けど、終わった後、もう一度考えてみると
（自分一人でもいいのかなぁ）

と思ったり、

（私が言えば変わっていたのかなぁ）

と思ったりしました。そして、私はこうかいをしました。今度はそれを直して言いたいです。

――ゆう（6年）

「次は音楽委員からです」

と言ったのは児童委員。ぼくたち音楽委員は合奏をするのです。これまで1ヵ月、練習をしてきたので、全校が一つになって、音楽に興味をもってもらいたいです。ちなみにぼくはアコーディオン。しかもさらピンなのでとてもかたい。そんなんをこえて、ついに発表、最初に『星にねがいを』、この時、1つまちがえたのでそこがくやしい。そして次に自分の言う文を言った。この時、鼓動はいっきに上がった。そして、

「元気で楽しく歌いましょう。みんな立ちましょう」

全部言えた。ここから、自分にじしんがついた。そして、次に『となりのトトロ』をひきました。とてもたのしく、全校が一つになりました。そして、発表がおわったとき、大きなはくしゅをもらった時、

1学期で一番うれしかった。

6年生が全校集団にはたらきかける際には、平和学習を通して社会にも目を向けて、そのまなざしで自分たちを見つめ直すことも大切にしています。6年生は1年間かけて、平和学習にもとりくんでいきます。広島に修学旅行に行き、被爆者の方たちに出会います。旧陸軍被服支廠や原爆ドームという被爆建物の声なき声を聞きます。広島で直接学んだことから、自分たちも平和への行動をと考えるようになります。「戦争はいけない」「平和な世界になってほしい」というねがいをもつだけでなく、自分たちに何ができるかという行動までも考えるようになっていきます。それは、6年間の教科外活動をつみかさねることで、はたらきかけられることへの信頼、はたらきかけることへの自信を得ていくことが大きいと思います。自分たちの行動で、確実に何かが変わるという経験が、学級へ、学年へ、そして全校へと広がる先に社会へのまなざしがあるのだと思います。

——そう（6年）

ぼくの大きな平和とは戦争や争いがなくなることと思っているけど戦争は言葉のぶつかりあいやよくぼうから生まれる。言葉のぶつかりあいはないと人間じゃない。なぜなら言葉のキャッチボールでもやったみたいに自分には自分の世界をもっていてその世界は必ずではないけど同じにはならない。だからこそそれがぶつかりあって争いになり戦争になる。だからその国の世界を分かりあえたら争いはなくなるんじゃないかなーと思った。

小さな平和とは一人ひとりでできることでその思いをつなげると大きな「思い」になりその思いを分かちあうことで大きな「平和」になると思う。

――さや（6年）

「簡単に言える言葉じゃない」

ヒロシマ修学旅行に行く前に私の平和に対する思いは今思うと中身のない言葉をただ言っていただけだったように感じます。

それは

「平和になってほしい」

でした。その時の私にとってその一言が平和への思い、こう思っていればヒロシマに行っても大丈夫だと思っていた所がありました。

5月にヒロシマに行きました。信じたくない、ショックというのが想像以上に大きかったです。被爆者の方のお話は、ここは日本なの？と思う事がありすぎて現実味がありませんでした。それは爆風のいりょくです。生きている人までもがとばされて気を失った人がいるのを知って

（こわすぎる）

と思いました。原爆ドームを見るとより原爆のいりょくを思い知らされました。建物は残っていても中にいた人は死んでしまったという事も知って

（人って弱い）

と思った。でもその建物を七十一年後に見ることができたのは、

「戦争のきょうふを忘れたくない」
「風化させたくない」
という人達の願いが伝わってくるようでした。行ってみないとわからないこと、願いを持つ事ができました。知りたかったのは、事実だったけどあまりにもショックでした。
奈良に帰ってきてたてわりグループに伝える事などをまとめました。あれも伝えたい、これも伝えたいと考えていくうちに
（平和なのかな？）
と思うようになりました。戦争がなければ平和といえるか？は違うんじゃないかと考えました。戦争は一度始まると終わるのにとても時間がかかってその間に尊い命がうばわれるという事を知りました。戦争ほど辛い事はないと思ったけど
「平和になってほしい」
は簡単に言って達成できる事じゃないと思ったし、戦争体験者の方の
「平和になってほしい」
の一言はすごく重い言葉だと思いました。簡単にはそうならないけど自分の心の中では戦争は絶対にいけないと思い続けなければいけないと思いました。伝え続けないといけないと思いました。

4 「ねがい」を行動に

いきなり「社会に目を向けよ」と言ったところで、子どもたちの課題意識と実社会とは地続きにはなりません。それは単に物理的距離の問題だけではなく、子どもたちのくらしに直接関わること、子どもたちの心理的な距離とも関わっています。はたらきかける相手がいるからこそ、「ねがい」は生まれます。そして、自覚されます。その「ねがい」は児童会活動を通して、質を変えていきます。自分が楽しくなりたいというものから、自分たちが楽しいというものへ。それが次第に、自分たちの学級へのはたらきかけになり、全校のなかまへのはたらきかけになるのです。6年生として、全校へのはたらきかけを続けていくことを通して、子どもたちの「ねがい」は自身が生きる社会に対する「ねがい」になっていきます。高次なものへと発展していくのです。

ある年度の6年生の子どもたちも、「がんばりを見つけ伝え合い　大切ななかまとなっていこう」という児童会づくりのめあてのもと、1年間いろいろな活動をしていきました。体育大会、たてわりグループ集会、平和を伝える会。「なかまのがんばり博物館」という各学級が出し物をする文化祭のようなものもやりました。その中でも児童会づくりの中心は毎週の全校集会です。全校集会では、「がんばりを見つけよう会」というそれぞれのクラスや学年、委員会活動の今ががんばっていることを知り合うとりくみを行っていました。それぞれが、児童会室に「『がんばりを見つけよう会』に出ます」とエントリーに行きます。そして、全校集会で発表をします。音楽でやっている歌や合奏。国語の音読。体育の縄跳び。係活動の紹介をする学級もありました。6年生の委員会が全校に向けてはたらきかけるのもこの場です。6年生はみんなのがんばりを知り合うことを大切にし、発表で見つけたがんばりを直接伝えに行くことを呼びかけ続けていました。そして、1年間の最後に、全校集会づくりを進めてきた自分たち自身が、クラスみんなで「がんばりを見つけよう会」に出ようと決めました。6年生の各学級が、最高学年として全校のみんなに届けたいものを発表すると決め、それぞれでとりくみを進めたのでした。

3組の子どもたちは、音楽の授業でとりくんだ平和の歌を歌いました。歌声に自信のある子どもたち。これまでも全校集会で歌の発表をし、下の学年の子どもたちからあこがれのことばをかけられていました。平和への思いを込めて、『おりづる』（作詞作曲　梅原司平）・『つないで歌おう』（作詞作曲　ミマス）を歌いました。

1組の子どもたちは、劇。『桃太郎』の物語を鬼目線で考えるというもの。鬼を退治する正義のヒーローとして描かれている桃太郎。一方で鬼から見たら、鬼にも事情があったのではないか、と投げかける内容でした。社会科で、『桃太郎』が戦争に利用された歴史を学んでいました。みんなに考えてほしいことだからと、物語の中で解決させずに劇の最後に、

「みなさんは、どう思いますか。鬼も人間も平和にくらしていくためには、どうすればよいのでしょう」

と全校の子どもたちへ問いかけました。

2組の子どもたちは、平和学習を経て、自分たちで平和の歌を作りました。高校生を中心に建てられた「世界の子どもの平和像」（せこへい像）をヒロシマ修学旅行で見に行き、子どもでも平和への行動ができるということを知りました。その像が、身近な京都にも建てられていることを知り、実際に見に行って、当時高校生と一緒に像をつくった高校の先生から話を聞きました。自分たちも平和のために何かしたい。像を建てるのは難しいから、自分たちの思いを歌詞にして、歌を作ろう、その歌を全校のみんなに聞いてもらおうと決め、歌詞づくりを進めていきました。『この思いを未来へ』という歌を完成させ、最後の全校集会で歌いました。

『この思いを未来へ』

作詞　奈良教育大学付属小学校２０１７年度17クラス
作曲　今正秀

平和って何だろう
平和って何だろう
それは遠い遠い夢じゃないはず
みんなが学校に行けること
友だちと遊べること
家族と一緒にいられること
おなかいっぱい食べられること

話し合える　笑い合える
助け合える　わかり合える
それは小さいけれど確かな平和

平和ってどうつくる
平和ってどうつくる
それは難しいことじゃないはず
平和な世界をえがいてみよう
考えよう
自由に意見を言い合おう
意見をしっかり聞き合おう
一人ひとりを　大切にしよう
思いやろう　行動しよう
小さな平和から大きな平和へ

この大空に　広がれ平和
変えていこう　この世界
小さな平和　大切にして

一人ひとりが未来をつくろう

ささきさんは日記に次のように書いていました。

　私たちのクラスは『この思いを未来へ』を歌うと決めていました。結構前から、クラス全員で積み重ねてきた歌で、自分たちでつくった歌（歌詞などを考えた）ときくと、なんかいつもとはちがうやる気が出てきたと思いました。最初、歌い始めたときは、リズムがよくわからなくて「自信」というものがありませんでした。しかし、それをのりこえてがんばってきたこの歌を全校に聞いてもらえるのは楽しみでした。

　朝のリハーサルの時、

（なんかしらんけど、この歌を全校が聞いて、なんか思ってくれんのかな）

と思いました。自分は4年か5年の時に、その時の6年生が『白い鳩』を歌っていたのを覚えています。リコーダーの人は、みんなで合わせてたし、高い声を出すのをがんばっていたなと今でも覚えています。自分の中でいいなと思ったものは、ずっと心の中に残るんだなと思いました。だから、少しでも心に残るように、自分が今思っている「小さい平和」を思いながら歌いたいなと思いました。

ささきさんがふり返るように、子どもたちの中にはきっと今までの6年生が積み重ねてきた全校集団づくりが根付いているのでしょう。これまで上の学年の姿を見て、自分たちもこうなりたいという「ねがい」

をもっているのです。はたらきかけられてきた経験が子どもたちの土台になっていくのです。

自分たちが生きる社会は、平和でありたい。それぞれの立場を想像し、尊重したい。子どもたちはそのような「ねがい」をもち、自覚をしました。そしてそれを実現するために、思いを乗せて平和の歌を歌ったり、劇をつくったり、自分たちのことばを歌にしたりというそれぞれの考える行動をしました。児童会は子どもたちが生きる社会です。

子どもたちが生きる社会は、行きつ戻りつしながらも発展しています。それはコロナの時代にあっても変わらないことです。その社会を大人が潰さぬように、大人の都合を押し付けぬように、「児童会」ということばの意味を今一度、大事に大事に確かめ合いたいと思います。そして、大人である教員自身も、社会の「つくり手」になれているかを問い直し続けていきたいと思います。

（入澤　佳菜・鈴木　啓史）

第4章

特別支援教育

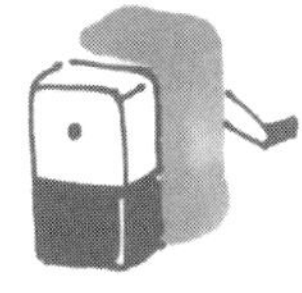

1

子どもの不思議を科学する
教育実践の土台にあるもの

1 子どもの不思議

「子どもって、どうしてこんなことをするんだろう」

子どもと日々を過ごしたことのある大人なら、一度はこんなふうに思ったことがあるのではないでしょうか。

子どもには、大人からしてみるとすぐには理解できない不思議がいっぱいあります。例えば、低学年の子どもたち。

・先生が話をしていて、「わかった?」と聞くと「はい!」と返事をするのに、そのすぐあとに「せんせい、わからへん!」と聞いてくる。

こんな姿に出会ったことがある人は少なくないのではないでしょうか。大人からすると、「聞いてなかったの?!」「さっきわかったって言ったやん」と思わず言ってしまいたくなる場面です。でも、どうしてそうなるのでしょう。

- ある子と先生が真剣そうに話をしているときに「せんせい、みてみて！」「せんせい！きいてきいて！」と元気に割り込んでくる。

これまたよくある姿ではないでしょうか。真剣に話をしているこちらとしては、「いまはちょっと待って！」と言いたくなるところですが……。子どもにとっては「いますぐ」でなければならない理由があるのでしょうか。

- Aくんをたたいてしまったときに、「痛がってるからたたいたらあかんで」と話をすると代わりにBくんをたたいたり、たたくかわりに蹴ったり悪口を言ったりする。

子どもの「屁理屈」にも見えるでしょうか。「Aくんはダメと言われたけど、Bくんはダメって言われてない」「たたいてないし、けったんやし」と言う子どもの声が聞こえてきそうです。一つ言ったら他のこともダメってわからない？と大人は思うところですが、どうしてこんな姿を見せたのでしょう。

私たち教員は、日々の学校生活のなかで、周りの大人以上にたくさん、子どもの不思議に出会う機会をもっています。しかし、総じて子どもの不思議は大人が見ようとしなければ見えません。私たちに余裕がないとき、つい「いい加減にしなさい」や「そんなこといいから早くしなさい」と言ってしまうことがあります。また、その行動が大人の枠組みから外れているように見えるときには、「問題行動」であるととらえて、その言動を厳しく制してしまうこともあります。でも、そんなときの子どもの姿からこそ、何か見えてくるものがあると思っています。

2 子どもの不思議を科学する

毎日の授業ではどうでしょう。私たちは、前章までで述べてきたように、子どもの姿を中心に置きながら授業づくりを行っています。クラスの子どもたちが、この授業のこの題材をどのようにとらえ、どのように考えるのか、それを想像しながら授業をつくり、子どもたちの前に立ちます。そして、いざ授業をすると、想像もしていなかった反応を子どもから得ることがあります。そして、「どうしてあの子はこんなことを言ったのだろう」と不思議に思うのです。

毎日の忙しさに追われていると、立ち止まって子どもの不思議な言動について考える余裕はなかなかないのも事実です。でも、放課後にちょっとお茶を飲みながらその日にあったことを同僚と話すときや、次の授業づくりをしているとき、ふと子どもの不思議について考えます。私たちもときに一人で、ときになかまと一緒に、子どもの不思議についてぐるぐると考えます。すぐに答えがわかることもあれば、数か月がたってようやく答えにたどりつけることもあります。そんなふうに悩み、考えるうちに、私たち教員は、「子どものことをもっと知りたい」「子どものことをもっとわかりたい」とねがうようになっていくのです。

多くの場合、子どもの不思議はその言動の背景が見えてくることで謎が解けていきます。その子がどんな思いであったのか、そのときの状況をふり返ったり、その前後のことについて思いを巡らせたりするうちに、謎を解くための手掛かりをつかむことができます。そんなすぐには答えの出ない謎解きをくり返すうちに、子どもの不思議な姿には、その時期らしさやその学年らしさがあることを感じるようになっていきます。

その「子どもの不思議な姿にあるその時期らしさ」を科学したものが「子どもの発達」についての研究と呼ばれるものです。子どもの不思議にある普遍性を抜き出し、それを大人のことばで解説しているものです。そこに学ぶことで、子どもの不思議は不思議から抜け出し、その子のねがいを表現した一つの形としてとらえられるようになっていきます。これが、私たちの教育実践の土台にあるものです。

3─ 子どもの発達

数ある発達研究のうち、私たちは田中昌人らの「可逆操作の高次化における階層―段階理論」を拠りどころとしながら子どもについて考えています。

とても簡単に言えば、発達とは、階段をのぼるように、昨日までできなかったことが急にできるようになることを言います。乳幼児を例に出せば、寝返りをうてるようになる、ハイハイができるようになる、立てるようになる、歩けるようになる、ことばを話せるようになる……など、想像がしやすいのではないでしょうか。私たちは、子どもの発達は障害のあるなしにかかわらず、同じ筋道のうえにあるものだと考えています。発達の筋道は同じでも、すすみかたはそれぞれであって、同じ学年にある子どもたちが、全く同じようにかしこくなっていくものではありません。それでも、ある時期には共通した子どもの不思議な姿があります。そして、不思議な姿の裏には、その時期特有の子どものねがいが隠れていることがあります。つまり、子どもたちは、自覚的にしろ無自覚的にしろ、同じクラスで過ごすなかまたちと一定の共通したねがいを胸の内に抱えながら学校生活を過ごしているのです。そうであるならば、私たち教員が「子どものねがい」に気づくことで、より子どもたちの要求にあった教育内容を準備することができるようになるのではないでしょうか。

もちろん、発達の理論があればどんな子どもの姿もつまびらかに読み解けるわけではありません。子ども一人ひとりによって、抱くねがいや思いには少しずつ違いがあって当然です。一つの理論をモノサシのようにあてるだけでは、正しく測れはしないのです。でも、発達の理論をメガネのようにかけ、その子の姿をのぞくときにだけ見えてくるものも確かにあります。私たちは、子どもを見るためのメガネをかけかえながら、子どもについて科学していきたいと考えています。

私たちは大人です。子どものことはそう簡単にはわかりません。それでも、子どもの不思議に「どうして?」と思う心をもって、メガネとしての理論をもちより、考える時間やなかまを保障されて初めて、子どもを理解することができるのではないでしょうか。

4 発達の節

発達は右肩上がりにいくばかりではありません。階段をのぼるためには力が必要であり、その力をためる時間の長さは子どもによって異なります。発達の階段をのぼるのはほかならぬ子ども本人です。大人がその背中に手を添えてあげることはできたとしても、手を引き、無理に階段をのぼらせることはできないのです。また、階段を超えようとする時期には、次の段に片足を置いては降り、また置いてはまた降り……といったように、子ども自身が揺れる時期があります。この時期を「発達の節」と呼んでいます。発達の節を超えることで、子どもは自らのもつ枠組みをひとつ高次なものへと発展させます。認識面、言語面、身体面、心理面と様々な能力を関連させて発展させながら、人間は少しずつ発達の歩みをすすめていきます。学齢期にある子どもたちにとっては、7歳ごろと9、10歳ごろに発達の節があると考えられています。

またこの時期は、「問題行動」ともとらえられるような激しい言動の表れやすい時期でもあります。発達の階段をのぼることは、子どもにとっても生易しいものではないのでしょう。発達を支える一番のエネルギーは自らの内に抱える矛盾であるといいます。「できるようになりたい自分へのねがい」と「そうはならない現実の自分」の姿とのあいだに矛盾をとらえ、それを乗り越えたい、乗り越えようと自らを奮い立たせることでヒトは発達していくのです。発達の節にある子どもたちは、自らの発達への期待とともに、「できない自分」への不安をそれまで以上に感じやすくなっている時期でもあるのでしょう。

5 「問題行動」と子どものねがい

教室を飛び出す子。教室のなかでうろうろする子。授業に向かえずに独り遊びをする子。友だちとトラブルばかり起こす子。「不思議」と思う気持ちにはなれないような姿も子どもたちはたくさん見せてくれます。そんな子どもの姿を、おおらかに受けとめることは簡単ではありません。私たち大人も真剣であればあるほど、子どもの姿に「問題」を見つけ、「解決」しようとするでしょう。でも、子どもの「問題行動」を考えるとき、気をつけたい視点があります。「問題行動」とは誰にとっての問題なのでしょうか。

教室を飛び出す子はどうでしょう。激しく飛び出すのであれば、周りの子にとって「問題」なこともあるでしょうか。その子の教育を受ける権利を保障しきれないと考えればその子にとって「問題」となるでしょうか。はたまた、教員としての自分の枠組みから飛び出ていることが「問題」となっているのでしょうか。

「問題行動」は「問題」とすることで、その根本を見逃してしまう、ということが起きやすいようにも思います。「問題」である以上、大人はそのままにしておきたくないものです。どうにか「すぐに」その「問題」をやめさせたい。そうねがうのがあたりまえではないでしょうか。でも、私たち大人が、大人の枠組みで子どもの言動を見ている限り、「問題」の根本的な解決には至らないことがよくあるように思います。

そもそも、子どもは小さな大人ではありません。大人には大人の理論があるように、子どもには子どもの理論があるはずです。真に子どもの「問題」に向き合うためには、まずは子どもの理論に耳を傾けようとする必要があるのではないでしょうか。そして、発達の理論は子どもの理論を考える上で、大きな示唆をもたらしてくれるものでもあります。

「問題行動」を起こす子どもたちは、「困った子」であると考えられます。しかし、逆に言えば、「困っている子」でもあるはずです。子どもたちはどの子も発達へのねがい、つまり自らをかしこくしたい、大きくなりたいとねがう心をもっています。しかし、そのねがいをどのように表現したらよいかわからず、時にその表現の仕方を本人も望まない形であらわしていることがあります。そんな子どもの「見えないねがい」に寄り添いながら、子どもと向き合うことが大人である私たちには求められているのではないでしょうか。

6 特別支援教育

私たちは、公教育の一翼を担う学校として、どの子にも成長・発達を最大限に促すことのできる教育課程づくりをすすめたいと考えています。ここ数年、聞かれるようになってきた「インクルーシブ教育」にも通じる考え方だと思っています。

私たちのもっている「どの子にも」というねがいは、同じ内容を同じ方法で一律に教え学ばせることを意味するものではありません。その子にとってどんな内容をどんな方法で学ぶことがよいのかを考え、子どもたち一人ひとりにあわせた教育課程づくりをしていきたいと考えています。しかし、子どもたちのなかには、何らかの理由があって、通常学級の集団のなかでは力を発揮しきれない子どももいます。どれだけ教育方法を工夫したとしても、他の子どもたちと同じ内容を同じスピードで学ぶ難しさを感じざるをえない子どももいます。その理由や難しさのもととなるのが「学習上の困難さ」や「生活上の困難さ」です。

私たちは「学習上の困難さ」や「生活上の困難さ」をＳＥＮ（Special Educational Needs＝特別な教育的ニーズ）としてとらえ、その部分について検討する委員会を30年以上続けています。通常学級で見られる子どもの「困難さ」について集団的に検討し、その「困難さ」の原因がどこにあるのか探り、必要に応じて奈良教育大学の特別支援教育センターとも連携しながら、その子にあわせた支援を考えていきます。

ここ数年、私たちの学校でも教室にいられない子どもが増えてきました。その理由は様々ですが、何らかのニーズを抱える子どもの数は年々増えているように思います。残念なことに、通常学級の生活のなかですべての子どもにぴったりの支援をすることはできません。子どもの成長・発達を最大限に保障するためには、同じ場で学ぶことだけを追求するのではなく、その子にあわせた教育課程を保障できる、通常学級とは別の場が必要であると私たちは考えています。そして、２００５年になって、通級指導教室（通称：学習室）を立ち上げることになりました。

また、通常学級の教育課程とは異なる教育課程でこそ、子どもの成長・発達を保障することができる場合もあります。特に、知的障害のある子どもたちは、その障害の特性にあわせて、よりていねいに、より子どもに合わせた内容を学ぶことによってかしこくなっていくことができると考えています。この考えに立って、私たちは知的障害の子どもを対象とした特別支援学級を50年以上続けてきています。

先に述べたインクルーシブ教育は、教育からの排除をなくすことを目指して提唱された考え方です。私たちは、インクルーシブ教育を目指すにあたって、ある教育の場からの排除をなくすことを目指すのではなく、その子にあわせた教育内容から排除されることをなくしていきたいと考えています。その子にあわせた教育を保障するためには、子どもにあわせた多様な場と、そのための教育条件整備が必要になってくるのではないでしょうか。

このような考えを大切にしながらとりくんできた通級指導教室と知的障害特別支援学級の実践について次節から述べていきたいと思います。

（池田　翼）

【参考文献】

白石正久『発達とは矛盾をのりこえること』全障研出版部　１９９９
白石正久・白石恵理子編『新版教育と保育のための発達診断　下』全障研出版部　２０２０
白石正久『発達を学ぶちいさな本』クリエイツかもがわ　２０２０
大和久勝編著『困った子は困っている子　「軽度発達障害」の子どもと学級・学校づくり』クリエイツかもがわ　２００６

2

「鎧」を脱いで

「学習室」に通ってきた子どもたち

1　「学習室」で大事にしたいこと

(1) はじまり

「そんな部屋あるん？　今の子はええなぁ。おれも行きたかったわ」

卒業生のはるくんが、今は通級指導教室（通称「学習室」以下、学習室）があると知って言いました。隣のクラスにいた彼が学習で苦労していると、当時聞いた記憶があります。自分に合わせた学習ができると想像して「おれも行きたかった」と思うほど、わからないことをたくさん抱えていたのでしょうか。支えてほしくてもかなわない、支えたくてもかなわない。そんなことが、以前は、今以上にたくさんあったのでしょう。「今の子はええなぁ」。彼は軽く言っただけでしたが、なんとなく切ない気持ちになりました。

学習室ができたのは、はるくんたちが卒業した翌年、今から16年前のことです。

図書室に一人。保健室に一人。事務室に一人。

全国で特別支援教育が始まる前の２００５年。感覚過敏や、対人関係の築きにくさなど様々な背景から、学級集団での授業に参加しにくい子どもたちが教室外の場所で過ごす姿がありました。学習面の困難を抱える子どもが、授業のつらさから逃れたくてそこに合流することもありました。そうした子どもたちの学習を保障しよう、そのための場所と人が必要だ、と職場全体で話し合って、「通級による指導」を始めたのです。「大学の附属小学校だから、全国的なモデルになるべく早期に始められたのでしょう」と言われたこともありますが、当時の子どもたちの様子から必要に迫られて始まったもので、使われていなかった教室を使ってのスタートでした。

それ以来ずっと、学習室は、通常学級教室とは別棟にあります。静かな場所であるうえ、通常学級のように中から外が見える扉ではないので、少し寂しくて閉塞感を感じることがあります。けれども、人目につかないことで安心感を覚える子どもも多く、「自分だけの方法・ペースで学ぶ」ことを物理的に保障できる面もあります。

(2) かしこくなるために

自校の子どものみを対象にしている本校の通級指導は、校内委員会での検討や教員会議での論議を経て、保護者に提案し、合意して始めます。通常学級に籍をおく子どもたちが「通う」教室ですが、当初は「特別支援学級」と混同されがちでした。集団で学ぶなかで困難を抱えている子どもの姿から通級をすすめても、保護者が「特別支援学級に入れられてしまうのではないか」と不安になられたり、「別室に連れ出すことはしないでほしい」と拒まれたりすることもありました。その背景には、障害をもつ子どもたちやそのための教育への偏見が見えました。

偏見や差別のあふれる今の社会において、学ぶ場の名称や学び方が気になるのは、無理のないことなのかもしれません。けれども、子どもが自らの力を伸ばして成長していく過程で大きな困難を経験しているとしたら、少しでもそのニーズに合わせて支えたいと思います。学習室は、「できないことが多くて悪いことばっかりするから」「行かされる」部屋ではなく、「できることを増やしてよりかしこくなるために学ぶ」部屋です。指導の形態ではなく、その子が「わかる」「できる」喜びを感じて学ぶことを大事にしましょうと、お話ししてきました。

(3)「集団で学ぶ力」を

学習室での指導は、個別に（あるいは少人数で）行います。通常学級の集団からその子を「取り出して」（子どもの立場で言えば、日常的に過ごしている学級教室から一人だけ「出て」、「通ってきて」）する指導です。「一時的に集団から切り離して行う指導によって目指すのは、集団で学ぶ力をつけること」。これは、開設時の担当教員のことばです。一見反対の意味のようですが、その子のニーズに合わせて個別に指導する目的は、学級集団からずっと離しておくことではありません。なかまとともに学ぶのに必要な力をじっくり伸ばすことです。開設後3年目から8年間担当する間、私もそれを目指して担当しました。

こう考えたとき、対象児にとって、自身の属する学級集団が、安心して離れ、安心して戻れるところであるかどうかは、とても重要です。集団での学びにくさの表れ方は様々ですが、自身のクラスのなかまから「迷惑だ」「いなくなればいいのに」と思われていたらどうでしょう。そんな集団からは逃げ出したいし、戻りたくないでしょう。おうちの人に「学習室で自分に合った学び方ができるよ」と応援してもらい、クラスの担任やなかまから「いってらっしゃい」と送り出してもらえたら、安心して通ってきて、学習後胸を張って戻れるはずです。このことは、どの子にとっても、いつでも、みんなで大切にしたいと思ってきました。

ただ、実際の子どもたちはいつもそうではありません。送り出してもらっても別の場所に行ってしまったり、待っていてくれる教室に戻らなかったり、「学習室なんか来たくない！」と出て行ったり、保護者にお伝えする前に通い始めようとしたり…。全校のなかで対象にするのは数人。つまり、５５０人の中でも抱えているニーズが特に大きい子どもたちですから、毎日、毎時間、いろんなことが起こりました。一人対一～三人の授業は、物理的にも心理的にも近づいてするものです。お互いエネルギーをぶつけ合うからこその、喜びも難しさも感じてきました。忘れられない子どもたちとの間に、忘れられないエピソードがたくさん生まれました。

2 「学習室」で支えたこと

(1) 困っているところを支える

全校を見渡すと、発達障害の診断を受けている子どもは何人もいます。近年は、放課後等デイサービスを利用している子どもたちも増えてきました。その多くは、学級集団の中で授業者の工夫や配慮による支えのみで学んでいます。通級指導の対象は、これまで、診断の有無ではなく、集団で学ぶときにどれだけ困っているかで決めてきました。どんな子を対象にどんな指導をすると決めておくのではなく、そのときにいちばん困っている子を、まずは受けとめて、学びを保障しよう、というスタンスです。

学習室は一つ、担当者は一人ですから、対応できる子どもの数には限りがあり、優先順位をつけて対応せざるを得ないのが実情です。そのため、退室やトラブルなど、多くの人に影響が出やすい姿を緊急性が高いと判断し、優先的に対応してきました。ですから、行動面での課題が目立つ子どもが多い時期には、学習面で困難さが大きくても対応できない子どもを生んでしまうということがあります。これは継続的な課題です。

これまでに対象としてきた子どもたちには、大きく分けて3つのタイプがあると考えています。①離席、退室、トラブルなど行動面の課題が大きく表れた場合、②学習内容の定着が著しく困難であるなど学習面の課題が大きく見えている場合、③感覚過敏や不安が原因で不登校傾向にある場合、です。①は低学年期、②・③は中～高学年期であることが多いですが、①の理由で通級指導を始め、行動面の課題は落ち着いても高学年にかけて②の理由で支えた子どももいて、「３つのタイプ」はあるものから他に移行したり、重なりあったりすることも少なくありません。いくつかのエピソードで子どもたちの姿を紹介します。

⑵ 自分なりのがんばり方を見つける――中学年期を支えて

本校では、１年の授業を中心にＴＴ（複数指導）の体制をとっています。週にわずか数時間ですが、指導者一人では支えきれない子どもたちに個別に声をかけて指導します。入学後の一年間は、くらしの面では６年生が支える場面も多く、学習全体がゆっくり進むこともあって、ゆったり過ごせるのですが、２年になったら、６年生は卒業し、ＴＴ指導はなくなり、学習や生活のペースが速くなります。子どもによっては、進級して一つ大きくなった喜びよりも、できなかったらどうしようという不安や、難しいという戸惑いが勝ってしまうこともあるようです。このようなことが背景にあると思っているのですが、２年生になって離席が目立つようになったり、退室したり、学習課題を拒絶したりする子がいます。「小１プロブレム」と話題になったことがありましたが、私の実感では「小２プロブレム」です。

たっちゃんやようちゃんも2年生になってから目立ち始めました。同じクラスの他の子どもたちも含めて複数人で、授業中でもボールを投げたり、ロッカーの上で騒いだり、廊下を走り回ったり、それはそれは「好き放題」にふるまっていました。止めても止めてもおさまらず、むしろ大人たちが困ったり怒ったりする反応を楽しむかのようにエスカレートしていきました。彼らの学びの保障ももちろん大切ですし、彼らの言動によって授業が止まるなど、周りの子どもたちやおうちの方が彼らを「迷惑だ」「じゃまをする子だ」と感じることもあったので、そうしたことにブレーキをかけるためにも、彼らを学習室で支えることにしました。

通級を始めてしばらくは、その子の好きなことでゆっくり遊んだり読み聞かせをしたりするなかで、話をし、それぞれの課題をつかむようにします。一対一で関わり始めると、みんな、離席や退室をくり返すときの激しい言動とは違う表情を見せ始めます。目立っていた行動の背景に、自分の気持ちを表現する語彙の少なさや、コミュニケーションの困難さがあったこと、「やるもんか！」「いやだね！」と言っていたことは、本当は「やりたい」「できるようになりたい」ことだったこと。大人をばかにしたような言動に腹が立つこともしばしばでしたが、だんだんと、その裏で本当は彼らこそが困っていたのだと気づかされるのでした。

たっちゃんは、決められたことは安心してできるけれども、例えば観察して気づいたことを書くことや、感想、絵など、自由に表現することは苦手。自信がもてないから拒絶していたのだとわかりました。実験や観察の感想を書く理科、読み取ったことを話したり書いたりする国語に参加しづらかったので、理科と国語の内容を取り入れた学習をしました。理解の力はあるので、クラスでとりくんでいるのと同じ内容にたっちゃんのペースでとりくむようにしました。

使うことばを選択肢にしたり、書き出しを示したり、会話でやりとりしたことを書かせたり。自分で一から文章をつくることに抵抗があるたっちゃんが安心して書けるような条件をつくりました。学習室での出来事を日記のように書く活動も、最初は、会話したことをその通りに書くようにし、たっちゃんは□の中にことばを入れるだけでいいように、あらかじめ文を作っておきました。

［ようちゃん］と、［ひまわりのたね］を食べました。［ピーナッツ］みたいなあじでした。食べてみて［まずすぎでした。ちょーまずいー。］

こういう方法でとりくんでもよいのだと伝え、こういう方法ならできるんだと実感させようとしました。ピーナッツみたいな味だと言って食べたのに「まずい」と書くなど、たっちゃんは、あまのじゃくな姿を見せました。全文自分で書けるようになっても、本当は困っているのに「べつによかった」と書くなど、本心ではない部分もありました。

きょうわれたぶんどきもっていってのりでくっつけようとしたらもっとわれた。…（中略）…あのぶんどきはいらんやつやったからべつによかった。

私に「本当にそう思ってたん？」と言われることを期待しているので、無理に事実に書き換えさせずに一緒に楽しむようにしました。「おもしろくない」「思っていない」といった本当の思いとは逆の表現や、「ぶっころす」などの乱暴な表現をしながら、少しずつ感想やわかったことを書くようになりました。

こうしてふざけながら時間をかければ苦手な活動に向かえるけれど、２年の頃のクラスでは、本来どうあるべきかがわかっているだけに、そんな姿を見せられず、結果的に拒絶していたのでしょう。別の理由で参加しづらいようちゃんたちと合流することで気持ちが大きくなり、みんなで騒ぐような行動になっていったのだろうと思いました。

「たっちゃんは、自由に書くことが苦手なんやな」と言ったときに、とてもうれしそうに「そうそう！よくわかってらっしゃる！」と叫んだことがありました。それ以降、「今、うまくやれるかなぁって不安やろ？」と気持ちを予想して言うと、「そうやで」と素直に認めて、それに向かうようになっていきました。何でも隠して書いていたのに、「べつに見てもいいけどな」と、見てほめてほしい気持ちを遠回しに言うこともありました。自分の弱さを見せられなかったところから、弱さを知っている大人の存在に安心して、弱音をはき、甘えて支えを求めながら向かえるようになっていったのだと思います。

5年生になったたっちゃんは、進級後しばらく新しい環境に戸惑うだろうという予想に反して、「（学習室に通うのは）もういい」と言いに来ました。その後、クラスで特別な支えを必要とすることはほとんどなく、穏やかに過ごし、卒業していきました。たっちゃんのことをふり返ると、個別に支えるということは、「あなたのペースで、あなたのやりやすい方法で向かえばいいんだよ」と伝え、その時間をたっぷり保障することだと実感します。

こだわりが強いな…と感じていたようちゃん。毎日川の水位を見ながら登校し、電気製品や天気予報に詳しい、物知りな子でした。豊富な知識をいつでも突然に話し始めるので、「今は関係ないから、またあとでね」と制されたり、「それより先に～しなさい」と指示されたりします。するとたんに機嫌が悪くなり、大声で怒ったり、体当たりしたりしていました。

　通級し始めて見えてきたのは、状況や相手の気持ちがわかりづらいこと、自分の気持ちの理解もおおざっぱで、その表出もゆたかではないことでした。彼が受け取るのは私が言うことばの表面的な意味だけで、表情や声の様子や状況は意識していないように見えました。考えさせようとして「どうしてかな？」と問いかけても「先生は大人のくせにわからんの？」と言うことがありました。「先生、今、怒ってるよ」「すごくうれしいわ！」などと、おおげさなほどに表情とことばで伝えるようにしましたが、「ぷんぷんマーク何個分ぐらい？」「にこにこマークか？」とマークや数で理解しようとしました。周りの人の気持ちや状況がわからないために、迷惑がられたり笑われたりしてきたんだろうと想像できました。そこで、ようちゃん自身の気持ちも、「くやしいねぇ」「腹立ってきたなぁ」「イライラするなぁ」とことばで聞かせて意識させるようにしました。体当たりではなく「怒ってるねん」「〜してほしいねん」と自分のことばで言えることが増えたら、ようちゃん自身が楽になるだろうし、周りに理解してもらいやすくなるだろうと思ったからです。

　時間や相手の都合を考えずに話すことは続きましたが、読み聞かせた絵本について話したり、勝ち負けのあるゲームをしてそのことを日記に書いたりするなかで、ようちゃんは自分の気持ちをことばで伝えるのが上手になっていきました。「今日はねむたいねん」などとイライラの理由を自分から言えるようになると、怒りを爆発させることはなくなりました。

　時間や出来事の順序ばかりを書いていた文章に、「ちょっとざんねんです」「くろうしました」「楽しかったです」と思いを書くようにもなりました。２年生の頃は、豊富な語彙をうまくコミュニケーションに使えなかったから荒れていたのだろうと思いました。

行事への参加もようちゃんのこだわりに合わせて支えるようにしながら、中学年の2年間指導しました。「高学年になったら全時間クラスのみんなと一緒にがんばれる」と言うので、4年の終わりには、通級指導終了に向けて、私がようちゃんのクラスに入り込む期間をつくりました。時折、教室の後ろにいる私を呼んで「これでいいん?」と確認することはありましたが、その回数も少なくなり、全体の指示を聞いて、わからないことを授業者に尋ねるようになりました。突然話し始めたり、大きな声でみんなを困らせたりすることも全くなくなっていて、他の子と同じように発言することもありました。そうしなくても伝えられる、聞いてもらえると、思えるようになったからでしょう。ようちゃんは、思いを伝えることばをもつことの大切さを痛感させられた一人です。

一度できないと思うと「いや」と言ってとりくまない子は他にもいました。「日記はいや」と苦手意識を強く出している子に、「みんなに伝えたいと思う『ニュース』を書こう」ともちかけてノートの表紙に「ニュース」と書いたこと。社会見学旅行のまとめを「ムリ」と抵抗していた子に、写真を見てふり返り、写真にコメントを一行ずつ書く形にしたこと。通常学級ではできないような大胆な変更も学習室では可能です。その子がなぜ「できない」と感じているかに寄り添って、「できる」と思える方法や分量を探り、実現する努力をしました。学級活動や行事への参加の難しさも、必要に応じて間接的に支えました。

子どもたちは、「どうせみんなと同じようにでけへん」とあきらめていたことでも、柔軟に方法を変えてとりくむことで、「おれもできた」「できる方法がある」と実感していきました。そうすると、どの子も言動が穏やかになります。その姿に、できない自分のことがつらくてとがっていたのだな、認められたら安心するし、できる喜びはこんなに大きいんだな、と気づかされました。

行動面の課題が目立って通級に至った子どもたちは、好き放題にやりたいことをやっているように見えても、実は自己肯定感が低い子どもたちでした。求められないことをして、みんなが困っているのをどこかでわかっていたのでしょう。だから、ある程度関係ができると、通級に至る原因となった激しい言動について、あのときはつらそうだったねと話題にし、その原因を一緒に探ったり、そのときの気持ちをふり返ったりしました。今はこんなにがんばってるよね、学習室でならできることがいっぱいあるよね、と、成長していることを自覚させました。「がんばって、前より変わってきた自分」を感じたときに、自信がつきます。そして、「もっとがんばりたい」「〇〇ができるようになりたい」と先の目標を抱きます。それは、どの子にも共通していました。大人もそうですが、うまくいかないことを抱えているときに、それを否定することなく、どうしたらいいか一緒に考えてくれる人がいると安心します。そうして自分なりの方法を認められ、そのもとで力が発揮できたら、確実に変わっていけます。それを実感できたら、前を向き、さらに前進できるのではないでしょうか。物を投げて、暴言をはいて、暴力をふるって、飛び出して…周りが困り果てていたとき、そうしている彼ら自身はもっと困っていたのだと思います。きっと「ほんとはこんなことしたくないんや」「どうしたらいいの」「助けて」と、全身で叫んでいたのでしょう。

⑶ しんどいことをはき出す――中学年期から卒業までを支えて

「おまえ、勉強教えられるん?」

きーちゃんも、やっちゃんも、何度か本気で私に聞きました。彼らが入学したときから私は学習室の担当で、TT(複数指導)をしたり学習室で通級指導をしたりして、卒業まで関わりました。長期間学習室に通うことになったふたりは、それぞれに課題が大きく、指導が難しい子どもたちでした。絵本を読んだりことば集めをしたりもし、毎日の宿題も私が作っていましたが、彼らが「勉強」と呼ぶ、教科書やノートを使った授業はしませんでした。なかなか向かえなかったのです。彼らにとって私は、一緒にかるたやウノをして遊び、時にはけんかをする相手だったのだと思います。その姿しか知らないからといって「授業ができない」と高学年まで思うなんて幼いなぁと感じますが、だから彼らは卒業までもがき続けたのだと思っています。

きーちゃんは、とってもストレートに思いを表しました。「だっこ!」「おんぶ!」と要求して、ずっと私のひざや背中にのったままかるたやしりとりをしました。集中しにくさやわかりにくさを自覚していて、そこに向き合うにはかなりのエネルギーが必要で、スキンシップはそのエネルギー補給なのでした。やっちゃんは、きーちゃんとは逆で、わからないことが多くて本当は不安なのに、助けてほしいと態度やことばに表せず、暴言や暴力でイライラを表す子でした。

このふたりも、2年生の頃に課題が顕著になり、学習室に来ました。正反対のように見えていましたが、ふたりに共通していたことは、語彙が少ないことです。きーちゃんは口数は多いけれど、肝心なことは言えず、言わなくても感じてわかってほしいと思っていました。そして、自身の課題をある程度自覚しているだけに、「きーはこれだけでいいの！」と新しい挑戦をしませんでした。やっちゃんは経験不足で、くらしのなかで大人に対する不信感を抱えてきたこともあり、どんなことに誘っても、まずは「そんなことするか！」「どうせお前の言うことなんか嘘やろ！」と拒絶しました。それぞれ、やりたいと思うこと（きーちゃんはかるた、やっちゃんは輪投げやウノ、迷路）に毎日付き合いました。「せっかく通ってきているのに同じことばかりしてていいのかな」「これが指導と言えるかな、甘やかしすぎなのかな」と焦る気持ちと闘いながらでした。が、そのなかで、幼稚園や保育園での経験、家族との関係、クラスでの様子などが見えてきました。「これしかしない！」や「そんなことするか！」の裏に「本当は新しいことがしてみたいな」「できるようになりたいな」というねがいがあることにも気づきました。

きーちゃんは、8画以上の漢字は書かないとか、5行しか読まないとか、書いたり読んだりする分量を自分で決めたがります。それを認めて、自分で決めたことは必ずすることにしながら、少しずつできることを増やし、「前は〜と言ってたのに、今はもう、〜ができるな」と変化を見せるようにしました。すると、「なぁ、今度はもっと多くしてもいいで」と自分から課題を増やすようになっていきました。

自信はないけどプライドが高いやっちゃんには、大好きな野球に関わることを話題にしながら、「わからない」と言えるのは素晴らしいことだと伝え続けました。また、どんなことも、一気に、全部、完璧にできないといけないと思っていて、自分は全くできないと思い込んでいることがわかったので、「下手でもやったらいいんやで」「助けてもらってちょっとずつしてもいいねんで」と伝え、「下手くそやと思ってるのにがんばった」「わからんのに助けてもらってできた」と、そのときの彼の自己評価に合わせてほめることを心がけました。

ふたりとも、「前よりがんばってるおれ」を喜び、「がんばったらできることがある」ことに気づいていきました。４年の終わりには、穏やかに自分のことばで気持ちを語れるようになっていきました。学習室でできたことは、少しずつクラスでもできるようになります。学習室でのこうした姿は、クラスで離席や退室が減ることにつながりました。

前述したたっちゃんたちは、学習室で落ち着けるようになった後、通級指導を終え学級教室に戻って行ったのですが、このふたりは違いました。５年になって新しいクラスでがんばろうと、それぞれにとてもはりきっていたのですが、すぐに限界がきました。低学年の頃とは違い、自分の席でみんなと同じことに向かえるようになった。なのにうまくいかない。できないことが多いのです。そのことに苛立ち始めましたが、そのときの彼らのプライドはもう、クラスで席を立ったり、みんなと違う行動をとったりすることを許しません。そして、たまるイライラを抱えて学習室に来るようになりました。一度は穏やかに過ごせるようになった時間をお互い経験しているので、私はそれに加えて高学年らしさを求めます。彼らは、高学年としての不安や嘆きを素直に表せずに反発します。ふり返ると、中学年の頃のように「◯◯ができるようになりたい」と単純に語れるねがいではなくなり、自分でねがいが見えにくくなっていたのではないかと思います。

「おまえの顔見たらイライラするんじゃ」「だからここには来たくないねん」と言いながら、毎日彼らはやって来ました。そして反発し、暴言をはき、物を壊し、出て行く…それでもまた翌日来るのです。

彼らが過ごした後の学習室は物が散乱し、私はイライラしたり落ち込んだりしていて、共に荒れた状態が続きました。今から思うと、毎日その一時間があることで彼らはクラスでの姿をなんとか保っていたのでしょう。また、保っているはずのその姿も余裕がなく、高学年として求められることの多さや重さに耐えかねていたのだろう、もっと寛大に受けとめるべきだったのだろう、と思います。けれども当時の私は、変わらない姿に焦るばかりで、どうしたらいいのかわからなくなり、ふたりの顔を見たくないと思ってしまう日さえありました。彼らにとってそのときの学習室はつらい場所だったことでしょう。特に荒れていた卒業前は、中学校生活という未知のことへの不安からもがいていたんだろうと、今は想像できます。徹底的に寄り添って、「大丈夫、いつまでも味方だから」「これから、大変なこともあるよ。でも、そのときそのとき、きっと誰かが支えてくれるから。上手に助けを求めるんだよ」と言えたらよかったのに。あのときは受けとめきれなくてごめんね。彼らのことは、後悔も一緒に思い出します。

⑷ はじめて「できた」を経験する――中学校進学を見据えて

学習面で大きな困難さを抱える子どもたちが通ってくることもありました。その多くは、私たちが、中学校では特別支援教育の場で学ぶ方がいいと判断した子どもたちでした。

りょうちゃんもその一人。１年の頃からみんなと同じようにできないことに苛立ち、みんなが自分をばかにしていると感じてはいすを振り上げ、叫び、ドアに体当たりしして、体中で悲しんでいました。「ひらがながわからなくても、学習室でゆっくり覚えていこう」とくり返し伝え、２年から、本当にゆっくりゆっくりと読んで書けるようになりました。絵本『はらぺこあおむし』（作：エリック・カール、訳：もりひさし、偕成社）の文章をうつし書きして、読めるようになって、担任や専科の教員、おうちの人に読み聞かせをし、みんなから拍手や感想カードをもらったときの明るい顔は忘れられません。自分に合った方法で学ぶことが喜びや次の意欲になる経験をすると、そんな学び方を中学校でも続けられる方がいいなと思うようになります。りょうちゃんは、こうしてゆっくり力をつけていける特別支援学級に進みました。

まいちゃんは、中学年時から卒業まで通ってきました。ご両親は、悩みながらも、彼女の可能性を最大限に伸ばせるのは特別支援教育だと、早い時期に判断されました。これまで「障害をもつ子が学ぶ」と理解してきた特別支援学級に自分が入級することを、まいちゃん自身がどう受けとめるか心配でした。絵本を読んだり、友だちとのけんかの話をしたり、苦手だと思うことを少しずつ、くり返してやったり。自分のペースで学ぶことで「わかった」「できた」「たのしい」と実感することを重ねるなかで、まいちゃんは「中学校に行っても学習室で勉強したい」と言いました。そこで、「まいちゃんが行く中学校には学習室がないけど、少人数で学習している部屋があるよ」と特別支援学級を紹介しました。たくさんの子がいるからクラスでは先生に質問しにくいと感じていたまいちゃんは、「すぐに先生に聞けるからその教室がいい」と言いました。そして、「わたし、障害あるんかな？」という戸惑いを越え、みんなとは違う学び方を選ぶことについて、「クラスのみんなにちゃんとわかってほしい」と望みました。彼女が胸を張って特別支援学級に入学していけたのは、彼女を否定せずまるごと受けとめるご両親とクラスのなかまの存在があったからだと思います。

通常学級で難しいと感じることが多く、できない経験ばかりを積み重ねてきた子どもたちに「できる」方法を用意できるのが学習室です。同時にそれは「みんなと同じ方法ではできない」ことをつきつけることでもあります。集団の中での自分が見えてくる時期に、その子なりの自己理解をし、進学先を考える。もちろん進学先は保護者が決めることですが、本人に自覚させ、希望をもって卒業・進学してほしいと願うとき、担任や保護者と協力して学習室で担えることがいろいろあると思ってきました。

学習室で学ぶことは、りょうちゃんやまいちゃんにとっては、結果的に個別のカリキュラムで学ぶ意義を感じることにつながりました。特別支援学級に進まない子は、中学校に通級指導教室がないことが多い現況では、通常学級のみで学ぶことになります。それぞれの困難さがなくなることはなく、むしろ目立っていくこともあるでしょうから、困難さをどう抱えていくかが重要になると思います。「中学校では教科ごとに担当の先生が違うんだよ」「その言い方じゃわかってもらえないよ」「『連絡帳に書きましょう』と言われないかもしれないよ」と、中学校生活をイメージさせて、ていねいに話したり、忘れないようにメモをとったりする練習をさせたこともあります。さらなる困難が予想されるこの先を一緒に想像して、「あなたはゆっくり聞けばわかる人。だから、『もう一回ゆっくり言ってください』って頼めるようになるんだよ」と、助けの求め方を伝えたこともあります。支えてほしそうな様子を察して手を貸すばかりでなく、時には気づかないふりをしたり突き放したりして、自分のことばで支えを求める力をつけておきたいと思ってきました。「自立」は、何事も自分一人ですることではなく、誰かに支えてもらいながら歩めるようになることだと思うからです。

(5) 大丈夫だと確かめる——登校を支えて

かなり特別で、数は多くありませんが、独特の感じ方や考え方ゆえに教室にいるのがつらくて、登校しづらくなっている子が、学習室に通ってきたこともあります。

「ぼくは心配性やねん」と言うそうちゃんは、「もしかしたら〜になるかもしれない」と考え出すと不安がどんどんふくらむんだと言っていました。そして時々、不安がふくらみすぎて破裂したら登校できなくなるのだと。そんな自己分析が聞けてよかったと思いました。

学習室では、とにかくそうちゃんの不安や不満を聞きました。本当に小さいことが気になって前にすすめなくなるのだと知り、生きづらいんだと感じました。彼の話を聞いて、「そんな心配もあるけど、まぁ、やってみないとわからんやん?」と言う。それだけでしたが、一人でどんどん不安を募らせていくのを少しでも止めたいと思っていました。そして、たいていのことは「やってみたら大丈夫だった」と言えるのですが、それが見えにくいそうちゃんに、「前の◯◯も、△△もやってみたら大丈夫やったなぁ」と思い出させて、「だから次も大丈夫かも」と自分で思えるようになっていくことを目指しました。

学習室に来なくなってからも彼の「心配性」は続き、中学校でも登校できない時期があったようです。他の子もそうでした。こうしたケースでは、学習室で受けとめたことがはっきりと目に見える変化に結びつかないと感じます。けれども、「自分を受けとめる場所や人がクラス以外にもあった」ことが、先のくらしに何らかの形でつながっていてほしいです。

3 「学習室」にできること

(1) 難しさ

学習室を担当していて難しいと感じることはたくさんありました。

「学習室は遊べていいな」「あほな子が学習室に行くんやろ」という声を聞いたとき、ギクッとします。うらやましがる子もまた、しんどさを抱えていたり、自分を見てほしいと思っていたりするのでしょう。誤解している子は、何かのきっかけでその根拠となる偏見をもったのでしょう。「ゲームを使って勉強してるんやで」「苦手なことをひとりでうんとがんばって、かしこくなる部屋なんやで」。それぞれには答えられますが、本当に解決するためには、子どもたちを育てる大人の意識や社会が変わっていかなければならないのだろうと思います。

誰を優先的に通わせるか。通うのをいつ終えるか。また、それらを、何を基準に決めるか。困り感やその受けとめは人それぞれで、教員や保護者との間でも完全に一致させることは難しいです。みんなで話し合って、どんな判断をしたとしても、それが最善だったのかという迷いは消えません。

この関わり方で合っているのか。本当にこの子のためになっているのか。こんな問いも常にわいてきます。指導の成果はすぐに目に見える形で表せるものではないでしょうし、見方によってその評価も変わってくるでしょう。例えば、ある子への指導の成果や学習室の存在意義を、何らかのデータをもって示せと言われても、私には難しいです。けれど、ここまでに書いてきたようなエピソードのなかには、きっと成果や意義にあたることが含まれているはずです。また、簡単に示せないようなことだからこそやりがいがあるのだとも思います。

⑵ 役割

通常学級の担任として集団と向き合っているときには、激しい言動はまず止めなければならず、その裏にある叫びのようなねがいを聞き取る余裕はもちづらいです。わからないという静かな叫びにも気づきにくく、気づいてもそのすべてにすぐに応えることはできません。私は、学級担任の経験を思い出しながら通級指導を担当するなかで、担任ではない立場で個別に支える立場の人間が必要だと感じることが多かったです。その子の困っていることをつかんで共有していくことで、その子のことはもちろん、その言動や対応に悩む担任や保護者のことも少し楽にできるのではないか、また、そうありたい、と思ってきました。

課題の大きい子どもたちが通ってくる学習室では、自己肯定感を保ったり、自信をつけさせたりすることを目指しますが、それぞれの抱えている困難を完全になくしてしまうことはできません。むしろ、本人とともに困難さを明らかにして、この先その困難を抱えてどう過ごしていくかを考える場所であると思います。

一対一で向き合うと、子どもたちのことばづかいや姿勢などが目につき、直したくなることがよくあります。けれど、表面的なことだけを求めても意味がなかったと感じています。物を投げながらでも、寝転びながらでも、荒いことばでも、小さい声でも、うまく言えなくても、思いを表すならまず聞きとり、そこに寄り添う存在であることが必要でした。目立つ言動は、彼らが大きなニーズを抱えつつ集団の中にいるための「鎧」です。だから、学習室はその「鎧」を脱いでも安全だと思える場所にしようと思ってきました。そのために、ありのままの姿を受けとめることから始めました。私の場合は、ゆったり受けとめることができずに子どもと衝突することも多々あり、順調ではありませんでしたが、「あなたに全力で向き合うよ」と伝えてきたつもりです。そして、他の場所で「鎧」を脱いでも大丈夫かもしれない、と思えるような自信をつける必要もあると思ってきました。

これからも様々な困難を抱えて、もっと厳しい現実の中で生きていく子どもたち。自分を見失わず、自分で自分を見切ることなく、前を向いて進んでほしいです。そのために、どこよりも甘えられる場であることも必要だし、誰よりも厳しいことを言わなければならないときもあります。甘やかすのではなく、甘えさせながらねがいを探っていきます。そして、つかんだねがいを本人にも意識させながら、厳しくそこに向かわせることもしていくのです。そうすることが、自信をつけることにつながると信じています。

⑶ これから

16年間、学習室に通ってくる子は絶えませんでした。学級教室以外に過ごせる場所を必要としている子がいつもいたということです。それぞれのニーズは多様で、近年はさらに多様化し、それに伴って、学習室に求められることも増えている気がします。

学習室でしてきたことは、一般的な通級指導教室で行われている指導とは違っていることが多いと思います。決してスマートではなく、手探りでしたが、目の前の子どもたちのためになることを、私たちなりに考えてきたことだけは確かです。

複数の子どもたちが教室から出ていた16年前、学校としての大きな態勢変更に踏み切った先輩教員たちの決断を改めて重く受けとめています。そして、これからも、その頃の子ども観を受け継いで、子どもたちがどんなに困っているかを見逃さない私たちでいたいと思います。

はるくんのように「自分も行きたい」と思っている子は今もいますが、そのすべてのニーズに応えることはできていません。通ってきている子たちのニーズにうまく応えられないこともあります。それでも、困っている子どもには困らなくなる方法を一緒に考える立場として、困っている子への関わり方に悩む学級担任や保護者にはその子を一緒に支える立場として、これからも学習室は試行錯誤を続けていきたいと思っています。

（小野　はぎ）

ことばを育てる、ことばで育つ

特別支援学級で大事にしていること

3

1 19クラス

朝、子どもたちが次々と登校してきます。笑顔の日も、不安そうな日も、何となく疲れたようなさえない様子の日もあります。いろいろな表情や姿を見せて、子どもたちは、毎日学校にやってきます。ランドセルをおろし荷物を片付けるのもそこそこに、プレイルームに行ってお気に入りのおもちゃで遊び出す子、玄関で出会う教員や用務員さんとのやりとりをひとしきり楽しんでから教室に向かう子、ゆっくりゆっくり行動している子、荷物を片付けて体操服に着替えてウサギのお世話をしてそれからみんなと遊ぶと淡々とこなす子…それぞれの子どもたちのペースで、特別支援学級での一日が始まります。

私たちの学校では、1〜6年生まで13人の子どもたちが、知的障害の特別支援学級（以下、19クラス）で学んでいます。登校してから下校まで、授業はもちろん、休み時間も給食も、一日の学校生活のすべてを19クラスで過ごす固定式の特別支援学級です。19クラスでは、子どもたちの発達段階や生活年齢をふまえ、課題にあわせた少人数のグループをつくって学習しています。子どもたちは、発達の課題にあった授業でこそ安心して学ぶことができ、安心できるなかま集団の中でこそ自信をもち、力をつけることができます。泣いたり、笑ったり、怒ったりして思いきり自分を出し、そんな自分を肯定的に受けとめてもらい、「自分っていいいな」という思いをふくらませながら、成長し発達していくことを願っています。また、入学してから卒業するまでの6年間という見通しをもって、教員集団で子どものとらえ方などを確かめあいながら、授業づくりや学級づくりをすすめています。さらには、小学校での生活だけではない、さらにその先の子どもたちのくらしも見通して、19クラスでの学びをつくっていくことを大事にしたいと考えています。

2 ことばの力を育てる

(1) ことばをゆたかにすること

ことばを獲得しゆたかにしていくことは、他者とのコミュニケーションの力としてだけではなく、考える力やものを認識する力、そして自分の気持ちや行動をコントロールする力を育てることにつながるものであると考えています。ことばを使うことで、子どもたちはコミュニケーションの主人公となり、また、イメージをふくらませたり、自分の思いを語ったりすることで、生活もゆたかになっていきます。そしてこれは、人間が築いてきた歴史や文化を手渡すための土台となります。

では、障害のある子どもたちにとってはどうでしょうか。19クラスの子どもたちをみると、発達のアンバランスさとともに言語面にも課題がある場合が多く見られます。新しいことばを覚えるのが苦手だったり、語彙が少なかったり、伝えたいことがあってもうまく言えなかったりします。構音に障害をもつ子もいます。自閉症スペクトラムの子は、他者とのかかわりの課題や興味・関心の偏りなどと絡んで、言語面での困難さが目立つこともよくあります。ことばでうまく表現しきれないことで、自分自身を落ち着かせることができずパニックになったり、かかわる相手を叩いたり噛んだりしてしまったりすることも起こってきます。

障害のある子どもたちに、ことばの力をしっかりつけていくことは、子どもたちがゆたかに生きていく上で欠かすことのできない土台となります。「ことば」の授業や、「朝の会」や「終わりの会」といった時間を教育課程のなかに位置づけ、ことばにはたらきかけるとりくみを、19クラスではとても大事にしています。

(2) 「朝の会」――はなしたい、きいてもらいたい、でもはずかしい

19クラスでは、1時間目に「朝の会」の時間をたっぷりとっています。週に1回は13人全員で、週に2回は低・中・高学年の学級にわかれて過ごします。13人全員が集まる月曜日の1時間目には、土曜日や日曜日にあったことを、一人ずつみんなの前で話します。

「23日にけっこんしき、いってきてん！」と話し始めた1年生のゆうきくん。「へぇー！ それはよかったなぁ！」と「朝の会」を進める教員と

ゆうきくんとのやりとりが始まります。でもしばらく聞くうちに、どうも話がかみ合いません。しかも、家での子どもの様子などを書いてくれているお母さんからの連絡帳には、結婚式に行ったことは全く書かれていません。おかしいなぁと思いつつ、その日の話は終わりました。後日、それは、何年も前の23日のことだったと判明しました。ずいぶん前のことにもかかわらず、ゆうきくんはまるで昨日のことのように語っていたのでした。ゆうきくんに限ったことではなく、他にも、「あのな、きのうな、ゆうえんち、いった」と話したことが、実は昨日のことではなくずっと前のことだったり、本当は行ってもなかったり。低学年の時期においてはそんなこともよくあります。「朝の会」=「みんなの前で何かを話す」ということをその子なりにだんだんと理解し、「なにかいいたい」「みんなみたいにおはなししたい」というねがいがわいてきて、それぞれにいっしょうけんめい話そうとしているのだなと感じます。

土曜日や日曜日の出来事を、写真を見ながら話すみつほちゃんやてるくん。おうちの人が写真を撮って自由帳にはり、その写真の横には何をしたのかなどそのときの様子を書き込んでくれています。それを見ながら、とてもうれしそうに話します。そして、話した後にはみんなに写真を見せて回り、「わー!」「へぇー!」とみんなからのことばをあびて、うれしさが倍増。そんな経験から、月曜日の朝は、自由帳を片手に、「おはなしする!」とやる気満々です。そんな自由帳や、おうちの人が日々書いてくれる連絡

帳は、子どもたちがお話する上での大きな支えになっています。

「次、話したい人！」と教員が呼びかけると、「はーい！　はーい！」「する！」「はなし、したい！」と、何人もの子が手を挙げます。しかしその一方で、みんなが話している間も、教室の後ろの床に座り込んで自分の好きな絵本を見続けている1年生のけんくん。自分から手を挙げて「はなしたい」という時期が来るのを待とう、と教員側で共通理解もしつつ、ときにはタイミングを見計らって、「けんくんは？」と声をかけます。ですが、「むり～」「いやや…」とモジモジ、うつむいてしまうけんくんです。そこで、教員が、「けんくんは、きのう、なにをしたでしょうか？」「なにをたべたでしょうか？」「どこへいったでしょうか？」などとクイズ形式にすると、それにみんなが答えます。そして、その答えがあっているかどうかを、「ブッブー！」「ちがうわー！」「ピンポーン！」と、けんくんが絵本を片手に、みんなの背後から声を出して応えます。そのときのけんくんの声は大きく、自信たっぷりの表情で、なんともうれしそう。そんなやりとりのなかであれば、安心して大きな声も出せます。きっと、自分一人で話すにはまだまだ自信もないのでしょう。絵本を見ながらも、耳からはみんなの話が入ってきているのだろうし、自分も話したいなという思いももっていたのだろうなと思います。けんくんは、学年があがるにつれて、みんなと一緒に話を聞くようになり、さらにはクイズをするという形でなら自分で話せるようになり、そうして、自ら手を挙げて前に出て話すようにもなっていきました。

「朝の会」のなかで、お互いの話に興味をもって聞いたり、集中して聞き続けたりすることは難しい子どもたちです。でも、聞いてくれるなかまや教員がいるからこそ話したいという思いが出てきます。1〜6年生全員でとりくむなかで、低学年の子は高学年の子のまねをしたり、あこがれをもったりして、だんだんと自分のことばで話すようになっていきます。また、くり返しとりくむことで、写真や連絡帳に頼らなくても思いだして話せるようになったり、いつのことなのか時系列がはっきりしてきたり、より詳しく話せるようになってきたりと、話す内容も、話し方も、6年間で少しずつ変わっていきます。安心できるなかまのなかで、自分ができる表現で、思いを語ることを保障する場としての「朝の会」を、これからも大事にしていきたいです。

(3)「終わりの会」——じゆうちょう、なにかく？

19クラスでは2〜6年生の子どもたちには、自由帳に絵などをかく時間を、6時間目の「終わりの会」のなかで設けています。その日学校でしたことや楽しかったことなどを、それぞれに絵や文でかきます。「なんのこと、かく？」「なにした？」「だれとした？」「どうだった？」と教員とやりとりをしながらかく子、「○○のこと、かこう！」「○○がたのしかった」などと思いだしながらかく子、絵だけではなく文字や文も添えてかく子、じっくりと時間をかけてかく子もいれば、パターン的にササっとかき終える子もいます。かくこと自体に向きあいにくい子もいます。みつほちゃんは隣でかいているりんちゃんの様子が気になって仕方がありません。りんちゃ

んが「○○のこと、かこ～！」というと「みっちゃんも！」とみつほちゃん、りんちゃんが色鉛筆を取りに行くとみつほちゃんも取りに行く、使う色ももちろんまねっこ。一人ひとり自由帳に向かいますが、こうやって、同じ教室にいる友だちの影響もたくさん受けながらかいています。

絵をかいた後には、さらに教員がその子の話を聞きとり、聞いたことを絵の横に書き添えて、かいた絵と語ったことばを結びつけ、意味づけていくことを大事にしています。絵をかくこととあわせて、子どもたちが教員と心を通わせたっぷりお話をすることが大事なことだと感じています。

ノートを広げて、ササササ～ッと何人かの人をかくけんくん。ほとんど同じ形、同じ顔で、誰だと思ってかいてはいないようで、「これ、だれ？」と聞くと、「うーんと…、○○ちゃん！」と、にわかに考えて意味づけている様子。「トランプしてるところ」と言いながらも、トランプはかかれておらず…。「トランプでなにしたん？」「かった？」などいろいろと話しながら、「トランプもかいとく？」と言うと、一応かき

加えたけんくん。トランプ自体はきっと楽しんでいたはずだけれど、時間が経つとそのときのことが思いだせなくなっていたり、ノートにそのことをかくとなると抵抗があったりするのかもしれません。

ずいぶん前に、ずっと同じパターンで自分だけをかき続ける子がいました。両手を左右にまっすぐ広げた自分の絵をササッとかいて終わりです。同じ絵をかき続けていたある日、ついにその手に何かがかきたされました。スコップです！　スコップを持ってしたその日の活動への思いがその子のなかでうんと大きくふくらみ、その子にとってのかく意味が刻まれ、思いと表現が一致したのだと思います。そして、絵をかいた後、その子の絵には、自分以外に意味づけたものがかかれるようになりました。そのお話もどんどん充実していき、さらに後には文字を獲得し、どんどん綴るようになっていったということがありました。その子の姿とけんくんの姿が重なり、自由帳に絵をかくことだけを求めるのではなく、子どもからかきたい思いや語りたい思いが出てくるような活動をつくりながら、急かすことなく待たないといけないなと改めて感じました。

「かかへん！」「かくことない！」「いや！」と言ってかかない子もいます。かくということ自体が苦手だったり、何をどうかいていいのかわからなかったりもするのでしょう。えいたくんは、低学年の頃、かいた絵を鉛筆でぬりつぶしてしまったり、せっかくかいた頁を破いてぐちゃぐちゃにしてしまったりと、自由帳をかくことに抵抗を示していました。自信がなく、かきたいけれど自分はうまくかけない、かいたけれど自分は上手じゃないと思い込んでいたのだと思います。そして、この抵抗感は高学年になっても続きました。５年生になって、やっとかくことを受け入れ始めたえいたくん。ノートを開き、「おい、ここにすわれ！」と教員を呼びつけ、「かけ！」と言って、一対一で話をしながら、えいたくんが話したことを教員がノートに書きとり、その後、えいたくんが絵をかく、という形で、なんとかかいていました。そんなえいたくんですが、すごくいい視点でかきたいことを選んでくるし、話しだすといろいろと思いだし、そこに自分が感じたことなども交えて話すことができるのでした。自信はないけれどかきたい思いはあることを感じました。そして、なんだかんだ言いながらも、かいたあとはすっきりし、かけたことが喜びにもつながっているということを私も感じていました。決してかくことが嫌にならないように、学年やその子の課題、その日の調子にもあわせて、声をかけたり、誘ったり、聞いたりしていくことが必要だなと思っています。

「かいてほしい」「かかせたい」という思いが教員側にはあります。自分から積極的にかいたりはしない子も絶対いろいろな思いをもっているはず、その思いを引き出してやりたい、それが子どものことばにつながっていくものになると思うからです。そのため、いろいろと話したり聞いたりしてかく気にさせようと、こちらが頑張りすぎてしまうことも度々あります。ですが、やはり、急いでも仕方ありません。長い見通しをもちながら、待つしかないのです。ただし、そこには、ただ待つのではなく、子どもたちの心を揺さぶりながら待つ必要があると思っています。子どもたちにとってのかく意味、語る意味があることが重要で、「かきたい」「話したい」と思える19クラスでのくらしや学習、友だちとのかかわり、いろいろな活動があることが大前提です。そんな学校でのくらしを、子どもたちや教員みんなの手でつくっていくことが何よりも大事です。なかまと一緒に、教員も一緒に、楽しい経験や心が動く経験をたっぷりし、その実感や感動をもとに人と共感しあう、そのなかでこそ、体験とことばが結びつき、ことばがゆたかに育っていきます。6年間を通して、だんだんと、話したい思いやかきたい思いが出てき、話したりかいたりする中身がゆたかになり、話したりかいたりすることに自信や喜びを感じて、またさらに表現が充実していくのだと思っています。

(4) 絵本をつかった「ことば」の授業づくり

「ことば」の授業で大事にしていること

「朝の会」や「終わりの会」で話したり絵にかいたりしながら日々のくらしやそのときどきの思いをことばにすることに加えて、教科の学習としての「ことば」の授業を大事にしています。

冒頭でも述べたように、「ことば」の授業は課題別のグループで行っています。どのグループでも、絵本や紙芝居を使ってお話の世界を楽しませながら、ことばの力に働きかけています。絵本（以下、紙芝居を含む）は、ことばや文字だけでは感じとれないことが絵によって深く印象づけられ、ことば以上の役割を果たします。また、文字や文からだけではお話

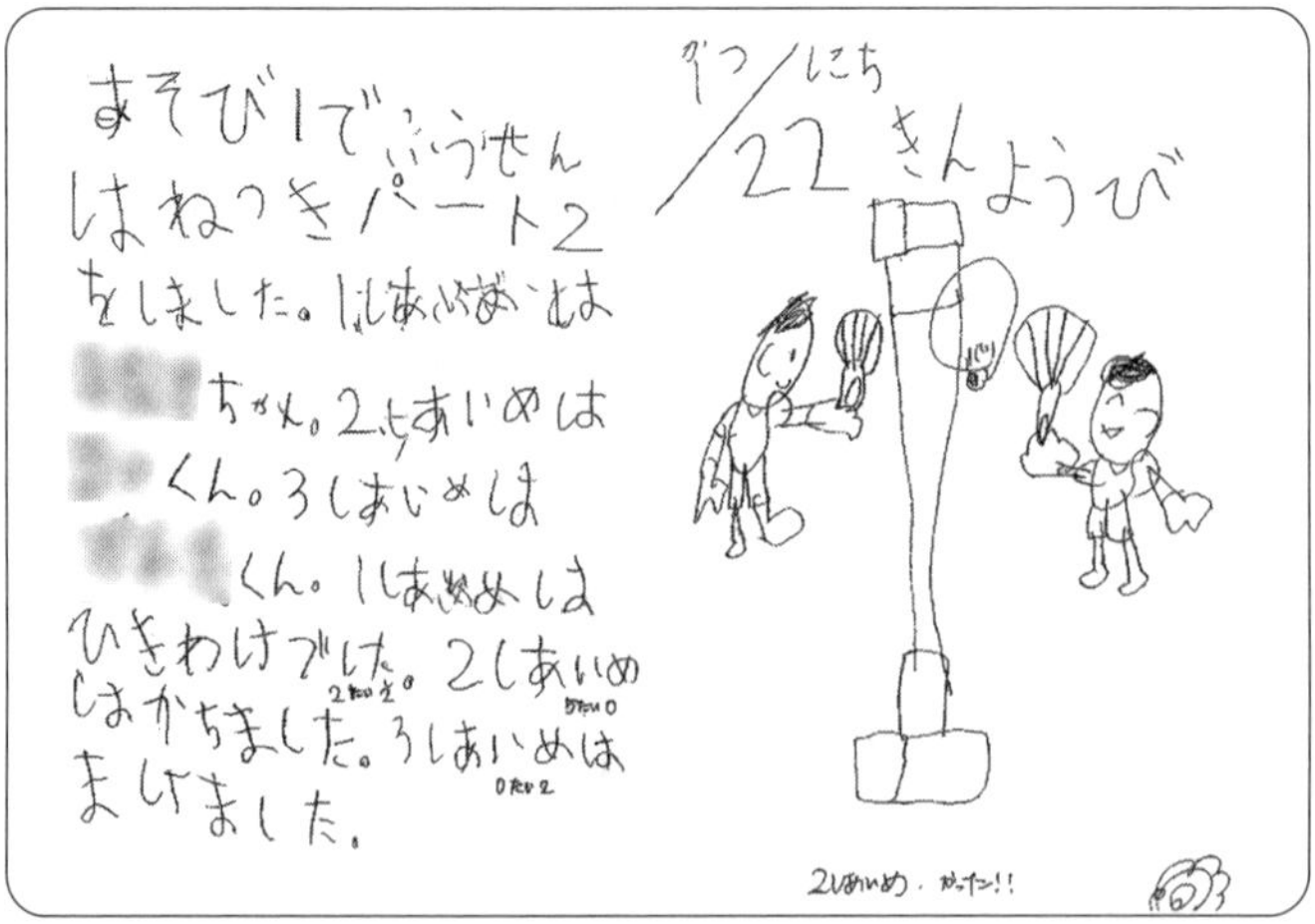

の世界に入れない段階の子どもたちにとって、絵があることは欠かせません。それぞれのグループの子どもの関心や要求、課題にあった絵本を選んで授業をしています。

絵本の読み聞かせや「動作化」、音読などを通して、話の流れや内容を読みとり、なかまと一緒に学ぶことで、ことばに込められた意味に迫ったり理解したことを自分のことばで表現したりするなど、ことばの世界を広げていきたいと考えています。

「動作化」を、「絵本のなかに出てくる動作をまねること、登場人物になって話の筋にそったことばを言ったり動作をしたりすることで、お話を理解しその世界をたっぷり楽しませるもの」と定義し、「ことば」の授業にとりいれています。「劇」や「劇あそび」のようなものにも似ていますが、厳密に言えば、みんなに見せるために演じるものではありません。ただ、子どもたちからは、「げき、したい！」「ことばで、げき、しました」ということばで語られています。そして、楽しみにして動作化にとりくむ子もたくさんいます。動作化することで、子どもたちは話の内容をより理解し、その絵本やお話をより好きになっていきます。また、絵本には描かれていない部分をも動作化で表すことで、よりお話の理解を深めたり読みとったりすることにもつながっていくと考えています。また動作化を友だちや教員と一緒にすることにも大きな意味があると思っています。動作化を授業の中にどうとり入れるかは、グループ（子どもたちの発達段階）によっても、題材によっても違いはありますが、動作化を楽しみながら何をどのように学んでいるのか、なかまと動作化することで子どもたちはお話をどう理解したのか、ことばの世界がどう広がったのか、という視点は常にもちながら授業づくりを進めています。

絵本『三びきのやぎのがらがらどん』――ことば1グループの子どもたちと

●『三びきのやぎのがらがらどん』の魅力

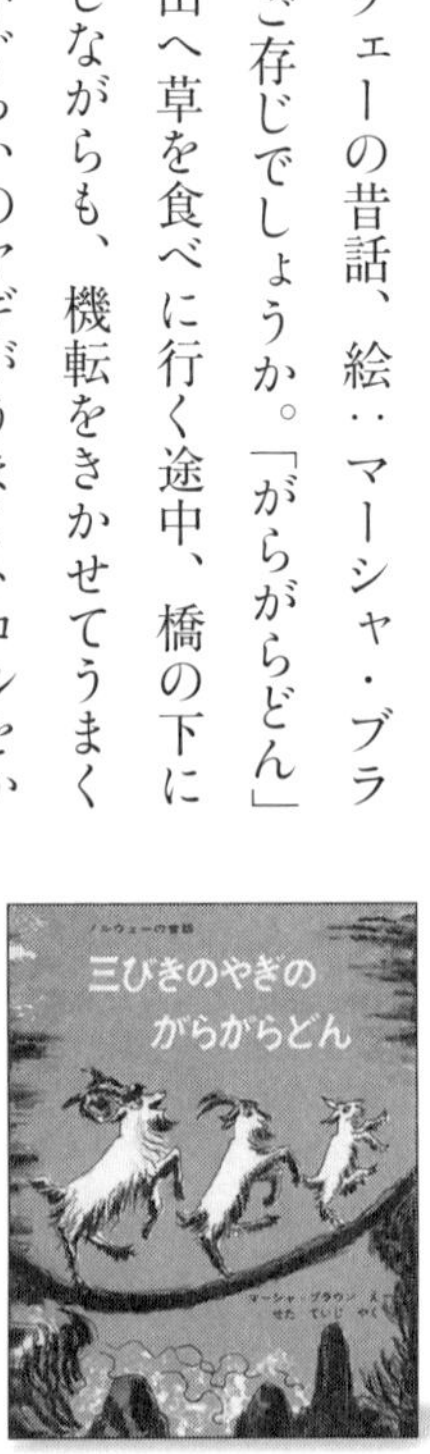

『三びきのやぎのがらがらどん』（ノルウェーの昔話、絵：マーシャ・ブラウン、訳：瀬田貞二、福音館書店）のお話はご存じでしょうか。「がらがらどん」という名前の3匹のヤギが橋の向こうの山へ草を食べに行く途中、橋の下にすんでいる恐ろしい「トロル」に出くわしながらも、機転をきかせてうまく橋を渡っていくお話です。小さなヤギ、中ぐらいのヤギがうまくトロルをかわして順番に橋を渡り、最後に一番大きくて強いヤギがトロルに勝負を挑み、やっつけるところにおもしろさを感じています。また、ぐりぐり目玉につきでた鼻の大きなトロルは、こわくもあり興味深い存在でもあります。このトロルを子どもたちは好きになるに違いないという確信がありました。

恐ろしいトロルを前にしながら、怖がることなく、むしろ楽しげに橋を渡っていく3匹のヤギたち、1番目のヤギは「かた こと」、2番目のヤギは「がた ごと」、3番目のヤギは「がたん、ごとん」と、ヤギが大きくなるにつれて橋を渡る音も変わって徐々に大きくなっていきます。それにあわせて、大きいヤギとトロルとの対決に向かっての期待感が高まっていきます。

●1グループの子どもたち

ことば1グループは、1年生のてるくん、そらくん、2年生のようたくんの3名。新版K式発達検査によると全体的な発達は2歳半～4歳ごろの子で、3名とも自閉症スペクトラム障害をあわせもっていました。授業への向かい方は三者三様で、それぞれ好きな絵本はあるものの、こちらが提示するものに興味をもって目を向けたり、友だちと一緒に絵本を見たり聞いたりすることにはまだまだ難しさがありました。のりものの絵本であればなんとかみんなが興味をもって聞けるという状態でした。そんななか、絵本の中のほんの一場面ではあるけれど、そのおもしろさを共有できたなと感じる瞬間も少し出てきました。

3学期になって新しい絵本にとりくんだときにも、登場人物になって動作をしたりせりふをまねて言ったりすることが少しずつ増えてきました。くり返しとりくむことで次の頁に何が出てくるかを楽しみにし、「つぎは◯◯やなあ」とつぶやくそらくん、授業中にはそれほど興味を示していなかったのに「もってかえる！」と自分のランドセルに絵本を入れているようたくん、お話の主題をある程度とらえて中心となる役をしたがるてるくん、それぞれに少しずつ楽しめる絵本の幅が広がり、授業でとりくむ絵本に思いを寄せる姿が見え始めていました。

『三びきのやぎのがらがらどん』は、1グループの子どもたちにとって少し長めのお話かなと思いましたが、1、2学期を経て、場面、場面を楽しむことから、簡単なストーリーのあるものも少しずつ楽しめるようになってきたと感じ、少し手応えのあるものをと考えてとりくむことにしました。トロルという存在自体のおもしろさを感じさせたい、がらがらどんになって橋を渡ったりトロルとたたかってやっつけたりしてお話を楽しませたいと思いました。授業では、3人の子どもたちがそれぞれ大、中、小のヤギになり、トロル役は教員がしよう、と考えました。

・読み聞かせで

この絵本にどれだけ興味をもってとりくめるか不安もありましたが、初めての読み聞かせのときからじっと見入っていた3人。そんな姿に、子どもたちの成長を感じた1時間目でした。

読み聞かせを聞きながら、てるくんはヤギの大きさやつのの形の違いに気づき、「大きいヤギはお父さん、中くらいのはお母さん、小さいのは子ども」と言っていました。大きいヤギが橋を渡る場面になると、「くつ、はいてくる！」と急に席を立ったてるくん。上靴をはくことで「がたん、ごとん」の擬音にあわせてより足音を大きく鳴らしたかったのだということがわかりました。お話の世界の中に入って自分なりに考えて表現し、楽しんでいる姿でした。わかることが増えてくるゆえの苦手意識の強さや飽きっぽさもあって気持ちが途切れやすかった1学期の頃と比べると、ずいぶん前向きにとりくみ、集中できるようになったなあと感じました。

読み聞かせの後、そらくんに「ヤギはどこへいくの？」と尋ねると、「やま、いく」「はな、たべる」と答えました。絵本のはじめの頁で、小さいヤギが花を口にくわえている絵があります。それを覚えていて、そう答えたのでしょう。くり返し見たり聞いたりすることで、描かれている絵や耳にするせりふなどをどんどん覚えていくのがよくわかります。とりくみ始めて4回目の読み聞かせの途中、大きいヤギが出てくる瞬間に、私が読むのよりも早く「だれだ！」というトロルのせりふを口にしたそらくん。大きいヤギのせりふではなかったものの、トロルのおもしろさやトロルの出る場面がわかってきて、思わず声が出たのだと思います。

ようたくんは、そのときの思いや気分に左右され、絵本に集中しづらかったのですが、「だれだ！」とトロル役の教員が声を出した瞬間、その声に反応し、その教員の方を見てにこっと笑いました。ようたくんのなかに、トロルの存在が位置づいたなと感じました。

・動作化で

トロルの迫力を感じさせたい、トロルへの興味をもたせたいと思い、トロルの役は教員がしようと考えていました。しかし、てるくんが2時間目から「トロルしたい」と言い出しました。自分が想定していた流れとは違ってしまうという焦りもありつつも、トロル役をてるくんにし、本来トロルになるはずだった副指導の教員と一緒にすることに方向転換しました。大きいヤギに負けてしまうトロルです。てるくんは負けるのが苦手で、負ける役になるのは嫌なのではないかと思っていましたが、それよりもトロルの魅力が勝ち、トロルの衣装をつけて楽しんでトロル役をしました。読み聞かせの際にも、話のすじをほぼとらえ、トロルのせりふの部分で「だれだ！」と言うのを毎回楽しむようになりました。教員の支えのもと自分で考えた動作をしたりせりふを言ったりもしていました。せりふを完全に覚えて言うのは難しいですし、授業の中の動作化で、それは求めていません。「だれだ！」「ひとのみにしてやろう」「いってしまえ！」などのせりふを自分から言い、イメージをもって楽しんでいることが伝わってきました。

「ぼくがいちばん！」といろいろとやりたいてるくんに比べ、ゆったりペースのそらくんとようたくんも、お話の流れはよくわかってきて、ヤギになって積み木を橋に見たてて渡っていました。くり返しのせりふや擬音も覚え、動作をしながら小さい声でせりふや擬音をつぶやいていることもありました。読み聞かせのとき、そらくんは、毎回「だれだ！」と喜んで

声を出すようになり、ようたくんは、絵本の中のトロルを見て笑うようになりました。動作化に向かう姿を見ていて、話がわかって好きになっているなと確信しました。

結局、トロル役は、それぞれにどの子もしました。ようたくんは、トロルの衣装を着た自分の姿を鏡に映して、うれしそうに眺めていました。てるくんは、トロルが気に入って何度もトロル役になり、「だれだ！」とこわそうに言うのを楽しんだり、トロルがやられる場面では、着ている衣装をあちらこちらに脱ぎ捨てて、バラバラになったトロルのつもりで表現したりしていました。

・好きな場面を絵にかく

学習の最後にはがらがらどんやトロルの絵をかきました。お話の中身をどれくらい理解しているか、どのように理解しているか、ことばで尋ねて答えるのはまだ難しい段階の子どもたちです。読み聞かせや動作化の様子とともに、絵をかくことで絵に子どもたちの思いや考えが表れてくるのではないかと考えています。

絵をかくことはそう好きではなく、かきたがらないこと

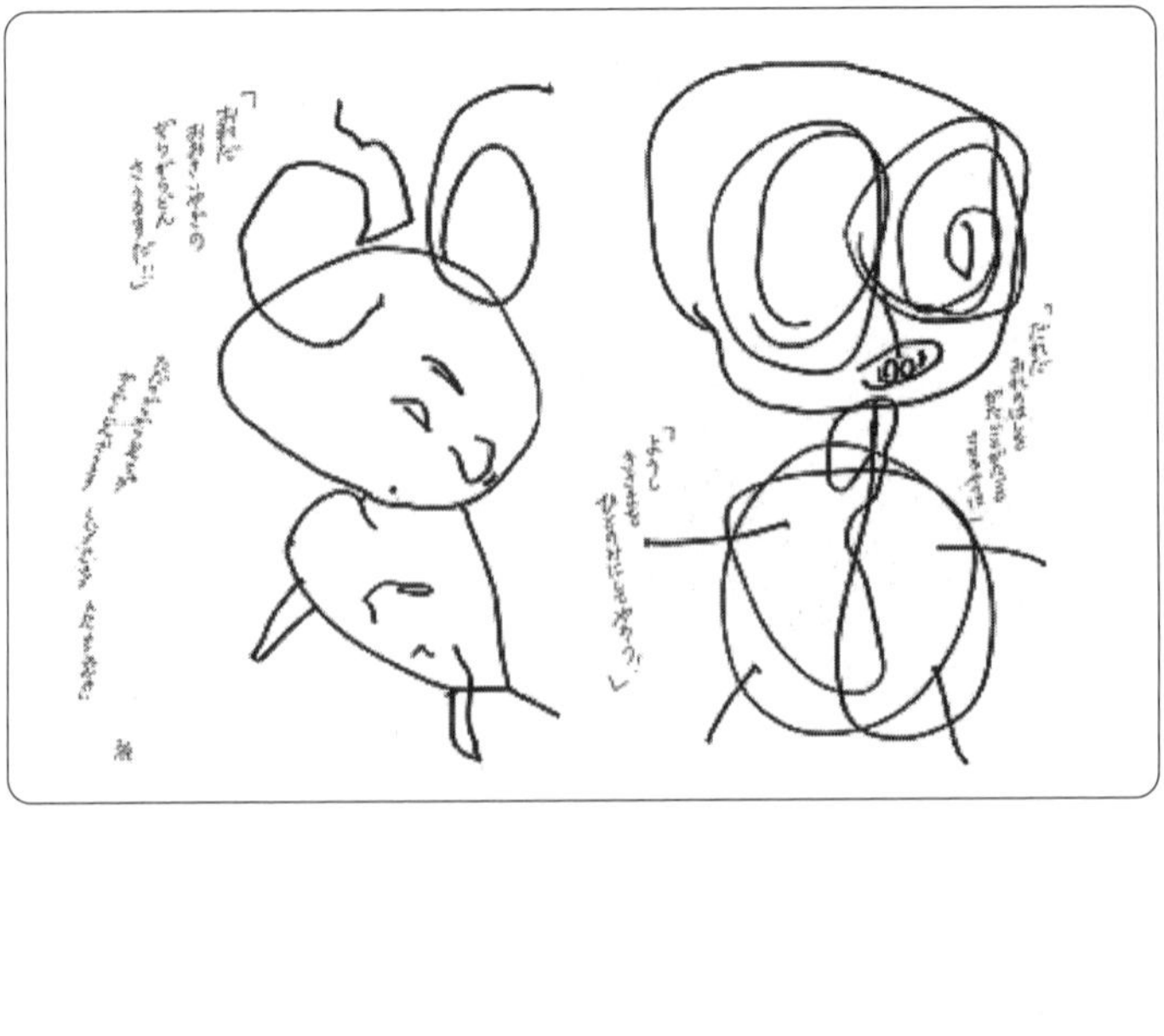

てるくん

も多かったてるくん、かいても小さい絵しかかきません。そんなてるくんが、A3サイズの紙いっぱいにトロルをかきました。そして「もういちまい、かく」と、また紙いっぱいに大きいやぎのがらがらどんをかきました。2枚をつなげ、そして、お話も聞きとって書き加えました。まずは、トロルです。「だれだ！おれのはしをがたごとさせるやつは」「ようし、きさまをひとのみにしてやろう！」とてるくん。次に、がらがらどんのこと。「おれだ！　おおきいヤギのがらがらどんサウルスだ!!」「……え？　がらがらどんサウルスって？　なに？」と私。するとてるくんは、「あんな、ただのがらがらどんちゃうで。がらがらどんサウルスや！」「しじょうさいきょう！」「トロルよりおおきいねん！」。（えー、お話と逸れてしまったやん！）とがっかりしてしまったのが私の本音です。

　一方、隣ではようたくんが、楽しくトロルとヤギをかいていました。「これは？」「トロル！」「これは？」「おおきいヤギ！」「これは？」「ちゅうくらいのヤギ！」「これは？」「ちいさいヤギ！」としっかり意味をもってかいているな

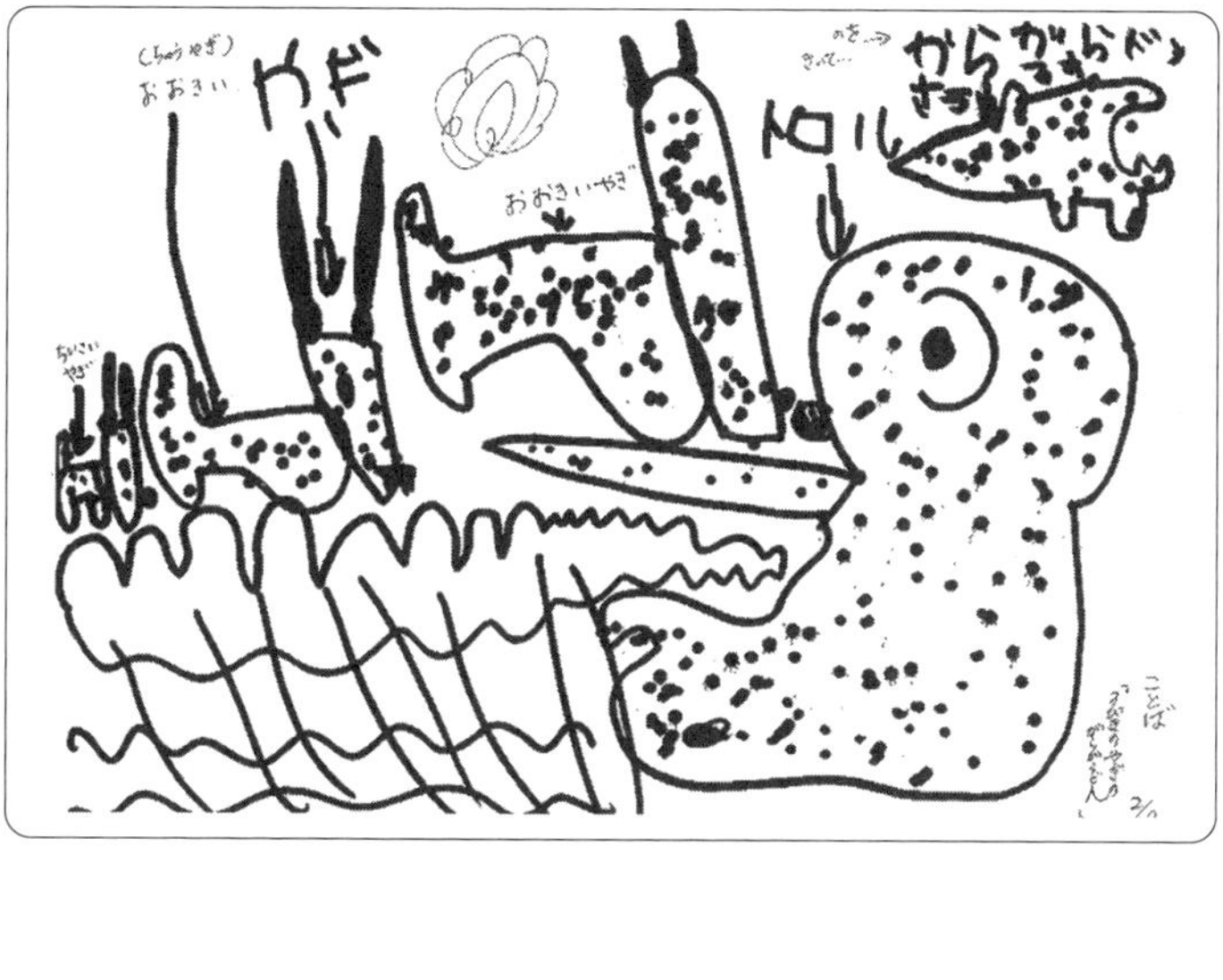

ようたくん

あと思い、このお話が好きになったことをうれしく思って見ていました。すると、そのあと、空いたスペースにもう一つ、絵をかきだしたのです。（え？　もう、他には出てこなかったけど、何をかくつもり？）と思って見ていたら、絵の横にたどたどしい文字で「からガらドンさうるす」。実は、ようたくんも恐竜が大好き。「えー、なんでー！」とまた少しがっかりしてしまいました。

そんなことを思いながら、放課後、子どもたちがかいた絵を教員で見て、いろいろと話しました。トロルがすごく大きくて強い存在だったからこそ、恐竜が大好きなてるくんはトロルよりもっと大きい恐竜を持ち出してきた、お話のなかのトロルと大きいヤギのたたかいの場面が本当に好きになったと読みとれること、友だちのことを意識しているようには見えにくいようたくんが、一緒に学習しているてるくんのことをいかに意識して見ていたかということを、他の教員と話すことで、そのとき目に入った子どもの姿だけでがっかりしてしまっていた自分のとらえを越えて、見える姿の奥にある子どもの思いやねがいにふれることができました。私一人でなら、がっかりしたままで終わっていたかもしれません。かいた絵は、それぞれ家に持って帰りました。

翌日のようたくんのお母さんからの連絡帳には、「がらがらどんの絵、すごいですね！　ようたに『これは何？』と聞くと、パァ～っとニヤニヤ顔になり、笑いながら『がらがらどんサウルス♪』と。興味のある恐竜や絵本と、お友だちとのやりとりが楽しい思い出になって、思い出してうれしくなるって素敵だなあと思います」と書かれていました。学校での姿、授業での様子を保護者とも共有し、子どもの成長を確かめあうことができました。

3　長い見通しをもって待つ
えいたくんの6年間

「朝の会」「終わりの会」「ことば」の授業でもわかるように、それぞれのとりくみの過程のなかで、そして学年があがっていくにつれて、子どもたちは確実にかしこくなっていきます。とはいっても、それは必ずしも順調に、とはいきません。

6年生になったえいたくんを見て、1年生のおうちの方は、「6年生って、立派ですねぇ！」「それに比べて、うちの子は…」「このままで、大丈夫でしょうか…」とおっしゃいます。6年生になって、そんな「立派な」姿を見せていたえいたくんですが、これまで、山あり谷あり、いろいろなことがありました。

1年生のころ

入学前の聞きとりの時点から、自分の思いとは違ったことは受け入れにくく、何かしら生きづらさをもっているのだろうなと思う子どもでした。そんなえいたくんをゆっくりと受けとめていかないといけないないなと思いました。

叩いたり、噛んだり、引っ張ったりはあいさつ代わり、「ミミズがほしい！」「カエルがほしい！」「いますぐさがせ!!」と好奇心旺盛でエネルギーたっぷりのえいたくんでした。それをわかって体当たりで遊んでくれる6年生の「あいぼう」の存在もあり、入学直後の滑り出しは比較的好調に見えました。入学後しばらくたって、家庭訪問で、「環境の変化が苦手な子で年度の変わり目などには頻尿になったりしていたんです」とお母さん。「でも、小学校に入ってからは全くそんなことなく通えているし、保育園時代は登園後なかなか保育室に入れなかったのに、今はあまりにもすんなり教室に行ってしまってさびしいくらいです」とのことでした。そのお母さんのことばに、安心して通える場になってよかったと、担任として一度はほっとしました。

しかし、ほっとしたのもつかの間、2学期になって、「いらん！」「なんで？」と授業に参加したがらないことが増えました。1学期は大好きな虫などを手元に置きながらなんとか参加できていた授業も拒否、教室を出ていく子の後を追って一緒に出ていくようになりました。「せんせい」「せんせい」と一緒にいてもらいたくて呼び、来てもらうとその教員を叩く…。暴力的な行動は続き、「アホ」「バカ」「チビ」「デブ」「うるさいわ！」「あっちいけ！」「くるな！」などなど、暴言が増えていきました。家でも同様で、お母さんも悩んでおられました。大きな行事やそのとりくみの時期には落ち着かず、頻尿になる様子も表れてきました。

「小学生になった」という思いや「がんばらねばならない」という思いが強く、教員の意図を感じてがんばりすぎてしまうえいたくん。入学してすぐは、自信もなく不安も強いなか、小学校という新しい環境に対して、ずいぶん身構えて過ごしていたのだろうと思います。それが、少しずつ自分を出せるようになってきたのが1年生の末だったのでしょう。「小学生なんだから」とか「こうあるべき」と、当時の担任だった私も求めすぎてしまっていた部分があったかもしれません。えいたくんなりに、全身でつらさや困り感を発信していたのだと思います。

えいたくんをどう受けとめていくか、教員集団で、えいたくんのことを語り、今はえいたくんに求めすぎない、注意しすぎないということを確かめあいました。その後幸いにも、えいたくんは、学校に来るのが嫌になるということはなく、毎日学校に来て、自分のペースで楽しく過ごしていました。

2・3年生のころ

2年生になってからは、「できない自分」がさらに見えるようになってきて、日々の授業への参加の頻度はぐっと減りました。もう「1年生だから」とは言えないことを本人なりに自覚しつつも、自分で折りあいをつけることはまだまだ難しく、行動面の激しさが増しました。しなければいけないこともわかり、自分のできなさもわかり、そのなかで、がんばりたい、かしこくなりたいという思いもあり、言動や気持ちがうまくコントロールできずに、常に揺れていたのだろうなと思います。楽しみなことや好きなことに対しても、ちょっとしたことで機嫌を損ね、「いかない！」「しない！」などと否定的になってしまうことが度々起こり、いろいろな面で不安の強さが見られました。

そんなえいたくんを全面的に受けとめ、じっくり向き合うキーパーソンを作ることにしました。「きがえたくない」「かきたくない」「かえりたくない」などと言い続け、自分の思いと違うと怒り出す…。その教員がそれを全部受けとめます。押したり引いたり、ときには、距離や時間をとって様子を見たりしながら、どんなときもえいたくんにかかわり続けました。蹴ろうが、叩こうが、どんなにひどいことを言おうが、嫌な顔一つせず寄

り添ってくれる若い教員に、えいたくんは全面的に信頼を寄せ、身を委ね、2、3年生の時期を過ごしました。「わかってもらえている」という信頼関係が大きな支えとなって、体育大会やマラソン大会、劇のとりくみなどにも少しずつ向きあい、がんばれることも増えていきました。この2年間のその教員とのかかわりは、その後のえいたくんの成長発達の大事な土台となりました。

中学年から高学年へ

非情にも、その教員とは転勤による別れがありましたが、えいたくんなりにその事実を受けとめて4年生になりました。4、5年生の時期には、それまでほどではないものの、また別の若い教員を支えにするようになりました。授業中に教室から出ていくことはなくなったものの、難しいと感じたことには向きあえなかったり、気分を損ねて「ふん！」と背を向けてしまったりは続きます。同時に「はずかしいから、しない」と言うこともありました。常にではありませんが、「〜だから」と自分の気持ちややりたくない理由を自分のことばで言えるようになったのは大きな成長です。学校生活を4年、5年と重ねてきたことで、行事などへの見通しは、えいたくんなりにもてるようになってきたのでしょう。もちろん完全に不安がなくなることなどありえませんが、不安があっても、なかまとのかかわりや教員とのやりとり、おうちの人の支えを受けて、ときには泣くことも、怒ることも、甘えることもしながら、がんばれることが増えました。行事やそのとりくみのたびに起こっていた頻尿も、減ってきました。

マラソン大会

毎冬のかけ足やマラソン大会は、運動全般に苦手意識があり、特に長い距離を走るのが苦手なえいたくんにとって、精神的に大きな苦痛になるものです。でもその中でえいたくんの向きあう姿が少しずつ変わっていくのが見えました。

1年生のマラソン大会、20m程走った後、コースから逸れて寄り道し、ひとしきり遊んで30分後に、やっとゴールにたどり着きました。2年生、教員で作戦を練った結果、教員と一緒に宝探しをしながらコースを歩くことに。3年生、スタート地点をみんなよりもずいぶん前に設定し、途中は思いきってショートカット、何よりも気持ちよくゴールすることを第一に。「みんなよりおそくなるのがイヤ」とえいたくん。走れない自分も、かっこよくいたい自分も、えいたくん自身が一番強く感じていて、その間で揺れていました。そんなえいたくんを、おうちの人も一緒になって支え、「完走した」ことをみんなでほめたたえました。4年生、やはりスタート地点を変えてとりくみ、一番にゴール地点に戻ってくることを支えにがんばりました。ここでの3年生との違いは、マラソン大会にどんなふうに参加したいかを、自分なりのことばで言うようにしたことです。自分で決めたことは守るようにさせる、という意味ではありません。自分がどうしたいか、どうなりたいか、どんなふうにがんばりたいかなど、教員とやりとりをしながらことばにしていきました。その頃のえいたくんの姿を見ていて、それができるようになってきている時期にきていると感じたからこそ、本人なりのことばで表現させたり、一緒に決めたりすることを大事にしたのです。その後も、教員とのやりとりを通して、「みんなとの勝ち負けがわかりにくいように反対回りに走る」などと自分で決めたことに納得しながら、苦手なかけ足にも前向きにとりくむ姿が増えていきました。「5年生になってがんばりたいことは？」との問いに、「マラソンたいかいをひとりではしる」と答えるほどでした。

そして、その翌年の5年生のマラソン大会では、初めてコースを一人で走りきりました。かけ足も、反対回りに走ることは封印し、みんなと同じ方向で走ることを決め、教員が伴走しなくても一人で走り続けました。

12／11　きょうはマラソンでつかれました。なんでというと　マラソン1しゅうはしって　がんばりました。よかった。みんながおうえんおるときは　いっしょうけんめいはしったけど　おらんときはあるいてました。あ〜もうつかれた〜。ゆっても、みんながおうえんしてるときは はしりました。

しんきろく　◯◯ちゃんをぬかしました。よかった。よくがんばったとおもいます。

12／14　きょうはマラソンで19クラスマラソンやってがんばりました。がんばって じぶんのペースではし

りました。 たのしかったです。 むかしはさんぽしてたし、 はんたいまわってたし、 ぶらぶらしてたし。 でもなくて ちゃんとひとりで　はしりました。 がんばりました。

――自由帳より（聞き取り）

かけ足やマラソンを通しての成長とともに、 他の場面でも変化を見せ始めた5年生の3学期。 参加しづらいおんがくの授業でとりくんでいた歌を、 授業以外の場のふとした瞬間に口ずさみ始めたえいたくん。 歌い終えて、 ちらっと私を見て「どう?」と一言。（オレのうた、 きいたか? すごいやろ!）という思いが伝わってきました。 授業では全く歌っていないという事実の向こうに、 本当は歌いたいというねがいがあったことを感じ、 また、 歌わなくてもピアノの音やみんなの声はしっかり聴いていたということがわかりました。 たとえ時間がかかろうとも、 子どもに寄り添い、 見せている姿の裏側にあるものをていねいに見ていかないといけないなと改めて感じた出来事でした。

6年生

6年生になったえいたくんは、 1年生の「あいぼう」を迎えました。 自分の1年生のときの「あいぼう」のことや当時の自分がどうだったかを実はよく覚えていて、 わざと「オレのときはどうやった?」と言ったりもしていました。 ちょっと腰をかがめて、「はるまくーん、 おにいちゃんといっしょにいこなー」なんてやさしい口調で言って手をつないであげている姿に感動しました。 はるまくんがえいたくんをすんなり受け入れてくれたことも、 えいたくんの喜びにつながりました。 えいたくんに限ったことではありませんが、 1年生の存在は6年生をうんと成長させてくれるものになっています。 全校で行う「1年生を迎える会」では、1年生の名前や好きなものを全校みんなの前で言うという6年生としての大仕事があります。えいたくんは何度も何度も練習し、緊張感いっぱいのなか、やり遂げました。

そして、その日の日記には、そのことを絵で表し、文を書き添えてきました。文は、えいたくんが話したことをお母さんが聞きとって書き、えいたくんがそれを見て書き写したもの。文字を覚えて読んだり書いたりすることに弱さがあるなかで、こうやって日記に思いを表すことができたえいたくん。「あいぼう」との出会いがえいたくんの心を動かし、絵になり、ことばになり、文字となって表されたのだと思います。私たちはこれまで、文字を覚えさせたり書かせたりすることを急がず、書きたくなるのを待ち続けていました。こうやって、書きたくなる中身ができたときにこそ書ける、「あいぼう」との出会いがえいたくんにとって大きな意味のあるものになりました。

4／13　はじめてあいぼ（う）とあった　ふたりともきんちょうしていました　たいいくかんで　なまえをちゃんといえました

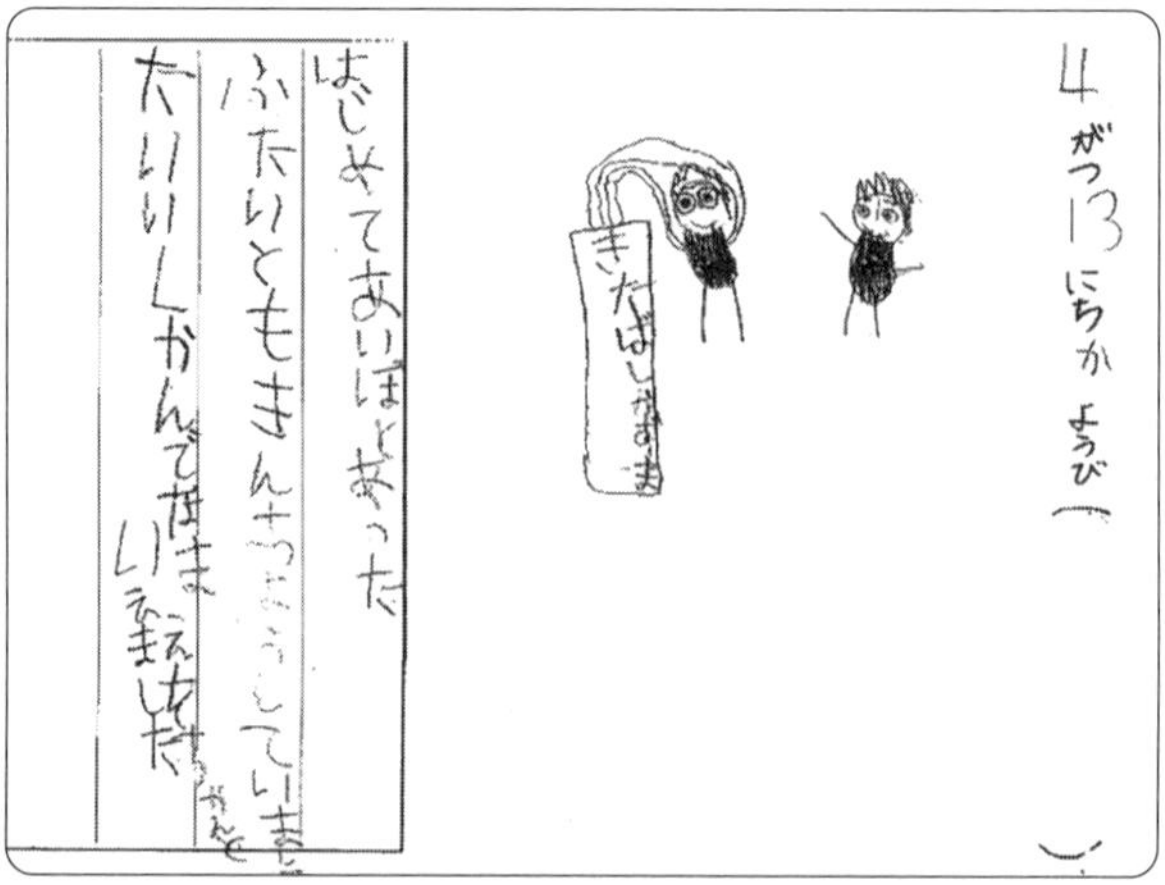

6年生になってからは、驚くほどに落ち着いた姿を見せていたえいたくん。おんがくでは今まで歌わなかった歌を歌い、たいいくでは準備運動もし、苦手な鉄棒に必死でぶら下がっていました。嫌で嫌で仕方なかった着替えや、自由帳をかくことにも、自分で折りあいをつけて納得してとりくむようになりました。「いやだ」「したくない」と怒り、服やノートや鉛筆を放り投げていたのが嘘のようです。暴れたり泣きわめいたりして表現していたところから、考えたり悩んだりしてことばで表現することへと姿を変えていきました。6年間の積み重ねの大事さを思うと同時に、行きつ戻りつしながら自分でも考えたり悩んだりできるようになってきた時期が重なり、大きく姿を変えてきたのだろうとも思います。おうちの方もこの6年間、えいたくんの揺れと同じように揺れておられたこともあったようにも感じていますが、そんなわが子にきちんと向きあい受けとめてこられたことで、えいたくん自身も安心して自分を出せていたのではないかなと思います。

いかんせん、がんばりすぎてしまうえいたくん。自分を見る周りの目もすごく意識しています。がんばりすぎるあまり、不安に陥り、「もういやだ！」となることが、これからもきっとあるでしょう。でも、19クラスでの6年間で積み重ねてきたいろいろなことがえいたくんにとっての自信となり、土台となって、これからのえいたくんを支えていくものになるよう願っています。

4　子どもたちの生活をゆたかなものに

私たちは、障害のあるなしにかかわらず、ことばを育てることを大事にしていきたいと考えています。

文字を読む、書く、話すと言った狭い意味のことばではなく、子どもたちの考える力、ものを認識する力、自分の気持ちや行動をコントロールする力につながるような広い意味でのことばを育てていくことで、子どもたちの生活はよりゆたかなものになると考えています。障害があるがゆえにことばに困難さを抱える子にこそ、より時間をかけて、よりていねいに、ことばを育てることを大事にしたいと考えて日々とりくんでいます。

私たちは、毎年、就学にかかわる教育相談を行っています。そこでは、就学前の保護者から、「とにかく、毎日、楽しく学校にいってほしい」というねがいをよく聞きます。そして、「少ない人数の環境であれば安心」ということも語られます。少ない人数で、ゆっくりていねいにかかわることは大事です。ですが、それだけでは、子どもたちの発達は保障できません。そこには、その子の課題にあった教育課程や学習内容があることは欠かせません。集団が小さければいいだけではないのです。子どもたちの発達にあった子どもたちにとっての必要な学びは何かを探り、大事にしていきたいと考えています。

毎日通う学校が子どもたちにとって楽しいものであることはもちろん、意味のあるものにしたい、子どもたちが安心してありのままの自分を出して過ごせる場にしたい、子どもたちをより成長・発達させるものにしたい、と私たちは常に願い、教員みんなで教育課程をつくっています。授業や学級でのくらしをどうつくっていくかは、私たちの大事な役目です。

本校のように特別支援学級を基礎集団として位置づけることが難しい状況も聞きます。しかし、この基礎集団があるからこそ、その集団を土台にして子どもたちが安心して学び育っていくことができるのだと思っています。

（北村　直子）

第5章

“みんなの学校”

1 社会的な生き物としてのヒトと教育

真に「よい教育」とは何によって決まるのでしょうか。社会への貢献でしょうか。個人の幸福度でしょうか。多様な考えの人々がいるこの社会で、誰がどのように判断するのか。その一致は難しく、また大多数の人が賛成しているからと言って正しいとは限りません。しかし、この問いを考えずして、人が人を教育するという行為はありえないとも思います。少なくとも多くの人が教育を必要だと考え、現在の教育制度が存在し、学校が運営されています。

この問いに答えるには、多くの人が考えを突き合わせ、人の育ちや社会の発展を長期的なビジョンでとらえて論議する。そんな開かれた場が必要だと思います。そして安易な答えに落ち着かずに常にこれでいいのかと問い直し続けること（哲学）が大切です。哲学するには自分自身のことばが不可欠となります。誰かのことばで一斉に同じ方向に進むのではなく、時には立ち止まり、孤独に思考し判断する、そんな自由と余裕が教育現場には保障されるべきなのではないでしょうか。教育の過去・現在を見つめ、未来を描く。それを自分自身のことばで語ることが、教育現場から教育を発展させるためには必要不可欠なことだと私たちは考えています。この度の本書の発行も、この問いに対して私たちのことばを紡ぎ、少しでも多くの人とことばを交わしたいというねがいからのものです。

そもそも、ことばによって過去・現在・未来をつなぎ、また存在しない抽象的なものごとさえ表現するのはヒトならではのことです。記号としてのことばを扱う動物は他にも存在しますが、それを思考の道具として扱うことができるのはヒトのみでしょう。

また、ヒトは思考し、自然に働きかけて「文化」を生み出し、自分たちのくらしをよりゆたかなものに加工しながら発展してきた生き物だとも言えます。「文化」とは「科学」「芸術」といった「知」を社会集団全体で共有したものです。集団の中で生きるからこそヒトはその「文化」を継承することができ、また発展させて次の世代に手渡すこともできるのです。ヒトは自らが生きる社会集団を通して「文化」に触れ、内面に「知」を蓄えます。そして、それを自らの外側に表現することを通して「文化」に連なります。

これは、ヒトが社会的な生き物であり、集団の中で生きていくからこそのことです。つまり、教員も子どもも、そして教育も、この集団での関わり合いの中に存在していることを前提に語られなければなりません。

2　「個別―集団」の二項対立を越えて

「学びの個別化」ということが言われるようになりました。このことばも集団の中で、その関わり合いの中で考えなくてはならないものです。そもそも前提には「これまでの学びは個別化されていなかった」「そして個別化されるべきだ」という発想が存在します。これはどういうことなのでしょうか。

このような発想のもとには、「自分が経験してきた学校教育、あるいは世間一般に言われている学校教育は画一的であり、一人ひとりの個性に合わせたものではなかった」という学校への不信感があります。

あるいはそれは、「もっと自分自身を見てほしかった」というねがいの表れなのかもしれません。そのようなねがいを学校教育は真摯に受けとめて発展していく必要があるでしょう。「学校スタンダード」ということばに代表されるような「どの学級のどの子にも同じように」ではこのようなねがいに応えることはできません。

しかし、ここで気をつけなくてはならないのは「個別に」と「個性に合わせて」は別質のものだということです。前者は一対一の関わりであるのに対して、後者は必ずしもそうではありません。むしろ集団の中でその子の個性を存分に発揮させることを描くべきでしょう。個性を集団の関わり合いの中で発揮してこそ、「学び」は共有財産となるのです。先程、ヒトは「文化」を共有することで発展してきたと述べました。「学び」とは、その共有財産の継承・発展に連なることを意味します。

公教育の「公」という文字の意味を考えるときには、教育がこの共有財産としての「文化」の継承・発展に寄与するという意味と、その共有の財産を誰もが享受するために個人の権利を保障するという両側面をとらえなくてはなりません。

3 集団の中でこその学び

教科教育は、人類の到達点としての「知」や「文化」に触れることを通して、自然認識や社会認識、そして人間認識の発達を促します。このことは、ヒトが「文化」の継承・発展に連なり、そして享受するために不可欠です。

教科外教育では、主体性・自主性を育み、民主的な集団づくりや、集団の中でうまれたねがいを実現させるための方法を学びます。これは、「文化」を集団全体で共有し、またそれを発展させていくために必要です。

教科教育と教科外教育。これらを両輪として、教育活動は行われます。そして、それらは、それぞれの発達段階に応じて行われるべきものです。

集団の中では、この子だから問題が起こるが、別の子であれば問題にならないというような出来事があります。これは、その問題が、その子の発達課題に応じて立ち現れるからです。集団の中での体験は、このように個々の発達課題に応じた経験として顕在化します。こうした経験をしっかりと「学び」としてくぐらせることも大切なことです。ともすれば指導者は、「問題が起こらないように」「つまずかないように」「もめごとにならないように」と先回りをして、つまずきそうな箇所に予防線を引いたり、もめごとにならないようにレールを引いたりしてしまいます。しかし、集団の中での学びには、個々の発達課題に応じた最適な学びの機会が既に含まれています。指導者はそれらを組織し、しっかりと向き合わせる。それこそが「集団の中で（こそ）の個別最適な学び」だと言えるのではないでしょうか。

「〝個別最適化〟の何が〝最適〟か」と問う前に、「そもそも誰にとっての〝最適〟か」という問いを考えなくてはなりません。当然それは学習権を有する子ども自身であるはずです。であるならば、その〝最適化〟のプロセスは子どもの内面に形成されなくてはならないと思うのです。集団の中での体験は、子どもにとって自己の発達課題に応じた、自分にとって必要な経験として立ち現れます。そのときに、その経験をくぐり、その状況を乗り越え自己を発達させる力、いわば「最適化する力」は自己の内面に育てられるべきでしょう。それは教科教育でも、教科外教育でも同じです。

教科教育で言えば、例えば、小数のかけ算で1よりも小さな数をかけたときに積がかけられる数よりも小さくなることになかなか納得がいかない子がいるとします。どこが納得いかないのかをことばにして、クラスのなかまの意見を聞いて、ようやく納得に至ります。そのときに、なかまの意見を聞きながら、自分の疑問を解消する論理を自己の内面に形成したのはその子自身です。その子ならではのつまずきを経験し、その子ならではの論理で乗り越えていくという、「個性に合わせた学び」は、集団で学ぶ中から生まれてきます。

教科外教育の例では、夏休みの自由研究を発表し合う会をつくりたいというねがいと、自分の自由研究を発表したくないという意見とが出されたとします。二つの意見を相いれないものとするのではなく、会をつくることにどんなねうちがあるのか、発表したくない理由は何かなどを言語化し、共有することで、どちらも納得する「最適なかたち」を追求することができます。このときの「最適化する力」は集団の中での対話的な関わり合いの中で形成されます。そして、その「最適なかたち」は、決して集団のために自己を押し殺すような全体主義的なものではなく、一人一人の意見が尊重されて個別に納得できるものとなるでしょう。

私たちが目指すべき在りようは、このような集団の中で、どの子も尊重されながら高まり合う学びなのではないでしょうか。

「個別」と「集団」を単なる二項対立でとらえるのではなく、集団の中にある個別な学びをていねいにとらえていくことによって、その学びはその集団みんなにとって価値ある学びとなります。ともすれば塾的な学習観によって成果としての学びを私有財産ととらえてしまいかねません。しかし、公教育は、誰もが「文化」を享受する権利の保障と、共有財産としての「文化」の継承・発展をどちらも視野におさめての営みであるべきです。排他的な競争によって「文化」の享受を保障されなかったり、その成果を市場的な価値にのみおいたりするのであれば、それは「common（公共）としての教育」ではありません。公共の空間をどのようにとらえるかということもまた、現代における教育を考える上での課題ではないでしょうか。

よく「社会」の様子から「教育」を問い直す言説がありますが、逆に「教育」の在りようから「社会」を問い直す必要もあるのではないでしょうか。

4 〈他者〉と出会う

ヒトが成長・発達するためには〈他者〉が必要です。ここでいう〈他者〉とは、「他人」「自分とは別の人物」を必ずしも指すわけではありません。〈他者〉とは「自己とは異なるもの」を意味します。それは人物というわけでもなく、時に事物であったり現象であったり、記号であったり、あるいは自分自身の内面であったりもするものです。それらが、〈他者〉として自己の前に立ち現れたときに、ヒトは自己を変革させるのです。

いくつか例を挙げて考えてみましょう。国語で『ごんぎつね』（新美南吉）という題材を読んだとします。

ある子が「僕がごんのことを一番よくわかっているんだ」と言って、授業で積極的に発言をし始めました。いたずらばかりしているけれども本当は心優しいごんという登場人物の中に、自分自身とよく似ている（あるいはそうありたい）部分を見出したのです。そうして読み進めていく中で、ごんが「神様にお礼を言うんじゃあ、おれは引き合わないなあ」と言う場面に来たときです。「引き合わないって、ごんはつぐないでくりを持って行っていたんじゃないの？」という指導者の問いに対して、彼は「ごんはつぐないじゃなく、兵十がたった一人になったのをあわれに思っている」と自分の解釈を示しました。さらに、「気づいてもらって、仲良くなりたかった」と、目的が「つぐない」ではなくなっていることに気づきました。これまで「つぐないを続けて優しいごん」と見ていた人物が、それだけでなく「仲良くなりたいというねがいをもった人物」として立ち現れてくることで、ごんに対する見方が変革されるだけでなく、そのごんに心を寄せている自分自身に対しての見方もまた、一層深まることになるのです。ごんの「仲良くなりたいというねがい」は、その子自身のねがいでもあったのです。

二つ目の例は図工で自画像を描く場面です。鏡を見ながら自分の顔を観察していくのですが、そのときに「眉毛はこんなところから生えているのか」とか「髪の毛の見え方はこうなっているのか」など今まで気づかなかった発見があるでしょう。さらに、指導者が「耳と目の高さ、耳と鼻の高さの関係はどうなっているのか」とか「上唇と下唇の形はどう見えているのか」など視点を与えることで、見えているようで見えなかった自分自身の顔が〈他者〉として立ち現われ、より深く対象をとらえられるようになるのです。

教科外教育の例も挙げておきましょう。学級でお楽しみ会を開こうとしたとします。ある子が「自分はやりたくない」と言い出しました。この子を単にわがままを言っている子としたのでは、〈他者〉は立ち現れてきません。「どうしてやりたくないのか」という思いを聞き、それを学級で共有し、どうすれば皆が納得できる最適な解を得られるのかを話し合うことを通して、学級のなかまが共に育ち合う〈他者〉として立ち現れてくるのです。その子は「学級になじめないという思いから、集団で遊ぶことに不安があった」のかもしれませんし、「過去にお楽しみ会でみんなと遊んだときに、大きなケンカをしたことから、またケンカを起こしてしまう不安をもっていた」のかもしれません。このような一人ひとりの思いが学級内で共有されてこそ、互いが互いを育てる〈他者〉となる、多様性に開かれた教室となるのです。

5　声なき〈声〉に耳を澄ます

もう一つ、広島修学旅行の話です。本校では6年生は広島に修学旅行に行き、旧陸軍被服支廠を訪れることを長年続けてきました。そして、そこで被爆された中西巌《なかにしいわお》さんにお話を伺ってきました。中西さんは「この建物（旧被服支廠）もヒバクシャです。声なき声に耳を澄ませてください」と6年生の子どもたちに語ってくださいました。初めて広島を訪れた子どもたちにとっては、旧被服支廠は単なるボロボロの建物です。しかし、中西さんの被爆体験に耳を傾け、被服支廠の中でどのようなことが起きたのかを知り、爆風で曲げられた分厚い鉄製の扉を見、この建物が〈他者〉として立ち現れてくるとき、子どもたちの平和に向けての学びは大きく発展します。次の文は、広島を訪れた後に一人の子が書いたものの一部です。

私は、この2日間で、前までは、じっかんできなかった原爆のおそろしさがわかった。じっさいに、原爆がおとされたとうじのかた（中西さん）にもほんとうの話が聞けて、あまりしらない原爆のこわさ、そしてつらかったことをしり、中西さんがいっていたように、戦争をぜったいにわすれてはいけないと思いました。前までは、戦争こわいから、こんなことわすれたいと思っていたけど、今では、この2日間で戦争のことは、ぜったいにわすれてはいけないと感じられました。なぜかというと、昔の人は、戦争をやりたくてやっているわけではないから、そのことをわすれようとすると、平和をわすれるのと同じだと思ったからです。戦争は、ぜったいにしてはいけないけど、平和をわすれることで、戦争がはじまるんだとこの2日間でじっかんできました。私が、この2日間でこんなに学べたのは、ずっととりこわしたほうがいいと思っていた原爆ドームなどのおかげなんだということがわかった。

この子は、修学旅行の事前学習で『平和のとりでを築く』（大牟田稔）という説明文を読んだときに、「原爆ドームがあるかぎり、戦争で、たいせつな人が亡くなったことを思い出させるからこわしたらいい」という感想をもったのでした。しかし、広島修学旅行を経て、自分自身の学びをふり返ったときに、原爆ドームや旧被服支廠といった「被爆建物」が保存されている意味を身をもって実感したのです。ことばをもたないものを〈他者〉として見出し、そこからメッセージを受け取ることは、平和という見えないものを考え続けることにもつながっていきました。

このように〈他者〉は至る所に存在しますが、それを〈他者〉として認識しなければ、自己の成長・発達は生まれません。単なるノイズであったり、異質なものとして排除の対象となったりしかねないそれらを、自己との関係の中に切り結び、自己を問い直す〈他者〉として立ち現す。このような力をこそ、子どもに育てていきたいものです。いや、それだけではなく、私たち自身も、そのようにあらゆるものを〈他者〉として認識し、自己の成長・発達につなげていきたいと思うのです。そのためには教育そのものが多様性に開かれた創造的なものである必要はないでしょうか。

しかしながら、こうした〈他者〉と出会い、自己を揺さぶられる経験を得ることに困難を抱える子は少なくありません。他者を競争の相手ととらえ、否定することで自己を優位に立たせようとする子。自分に自信がなく、繭のように他者のことばから身を守る子。あるいは、そもそも〈他者〉が見えない、立ち現れてこない困難の中にいる子……。自己と異なる〈他者〉とは、それ故に断絶した存在であり、自己と〈他者〉との間に橋を架けるためには、「わからないもの」をとらえようとすることが大切です。そして、その「わからないもの」をとらえようとするために必要な力こそ、ことばの力ではないかと私たちは考えます。

6 「わかったつもり」を問い直す三つの〈他者〉

ことばとは、そもそも、「わからないもの」をとらえるためのもの、そして他者と出会うための道具だったのではないでしょうか。「わからないもの」も名前をつけることにより「わかった」となり、ことばによって他者と伝え合うことができます。目には見えない抽象的な概念であっても、名前をつけることによってとらえることができるのです。けれども、「わからない」ものをとらえて、他者と伝え合うためののことばが、時には「わかったつもり」を助長し、他者との伝え合いを閉ざしてしまう危険性ももち合わせていることは、気をつけておきたいところです。〈他者〉と出会い自己を成長・発達させ続けるためには、「わかったつもり」を常に問い直すことが必要でしょう。

そのことを授業の場面で追求していく際には、三つの〈他者〉を想定することができます。一つ目は「教材としての〈他者〉」。二つ目は同じ教材を別の視点から見ている「教室の中の〈他者〉」。三つ目は学びを通して新しく生まれる「自己の中の〈他者〉」です。これらの〈他者〉が授業の中で影響し合って子どもの思考を深めていくのです。

子どもが〈他者〉と出会い自己を問い直すとき、それは「〈他者〉と〈対話〉をしている」とも言えます。「教材としての〈他者〉」との〈対話〉。「教室の中の〈他者〉」との〈対話〉。「自己の中の〈他者〉」との〈対話〉。その〈対話〉はどれか一つだけでは成り立ちません。中でも授業において大切にしたいのは、教材との〈対話〉です。なぜなら、教材との〈対話〉なくして、子ども同士、子どもと教員との授業での〈対話〉は生まれないからです。

「日本社会には、『対話』という概念が希薄である。いやほとんどなかったと言ってもいいかもしれない」と劇作家の平田オリザは著書『わかりあえないことから』（講談社、2012）の中で述べています。平田は、「会話は価値観や生活習慣なども近い親しいもの同士のおしゃべり」、「対話はあまり親しくない人同士の価値観や情報の交換。あるいは親しい人同士でも価値観が異なるときに起こる摺り合わせなど」と定義しています。教室では、教材を介することで、子ども同士、子どもと教員とのやりとりが〈会話〉ではなく〈対話〉となるのです。教室での風景をイメージしてみましょう。子どもたちのコミュニケーションの質は「おしゃべり」ではなく「価値観の摺り合わせ」となっているでしょうか。価値観や生活習慣の近いもの同士であっても、価値観や情報の差異によって〈対話〉が起こる。そのような教材との出会いをつくりだしたいものです。

7 「みんなちがう」からこそ〈対話〉が生まれる

「〈他者〉との〈対話〉」というイメージ、多少は伝わりましたでしょうか。〈他者〉とは「自分とは異なるもの」、〈対話〉とは「価値観の摺り合わせ」ととらえるとします。するとその前提には、教室にいるなかまが「自分とは異なるもの」としてとらえられる瞬間〈他者〉として立ち現れる瞬間）がなくてはなりません。さらに言うなら、「みんなとは異なるところ」が積極的に受けとめられる空間としての教室があってはじめて、〈対話〉が生まれるのです。

人は「自分とは異なるもの」との緊張関係の中で葛藤し、どうにかしてその葛藤を乗り越えようとします。その際に生まれるエネルギーが人を発達させるのです。ですので、〈他者〉が立ち現れる空間は、発達の保障された空間だとも言えます。

教育実習生と国語の授業づくりをするときによくこんなことを一緒に考えることがあります。それは、「教室で物語を読むこと」と、「家で一人で読書をすること」とでは、何がどう違うのかということです。最も大きな違いは教室にはなかまがいるということですが、そのことが教育的にどのような意義があるのかが語れないと、「家で一人で読書したほうが効率的だし意味がある」となってしまいます。あなたならどのように教育実習生に語りますか。

教室でなかまとともに読むことの意義は「一人では読めないところ・気づけない視点に出会える」ということでしょう。そのことによって、自分の「ものの見方・考え方」が揺さぶられます。そして、教員の発問によって今までになかった視点を得て、教材をより深く探究することができるようになるのです。私たちはこれを「認識の発達を促す」と言います。このように「〈他者〉との〈対話〉」に開かれていることが、教室でなかまとともに学ぶことの教育的な意義ですし、発達のエネルギーは〈他者〉との間に生まれます。逆に、どんなにたくさんの人と一緒にいようとも、その人たちが〈他者〉として立ち現れない限りは、そこに発達のエネルギーは生まれないということです。

教育学者・大田堯は『「みんなちがって／みんないい」ではなくて「みんなちがう」のです』と講演などで述べていました。「みんなちがう」ということを前提にしてこそ〈対話〉は生まれるのです。

「主体的・対話的で深い学び」ということばがあります。「会話的」でなく「対話的」である学びの質を問うときには、そもそもこの学びの空間が、異なるものの見方・考え方を保障した多様性に開かれた場であるかどうかを問い直す必要があるでしょう。

8―多様性に開かれた〝みんなの学校〟

私たちは2006年度より〝みんなの学校〟を掲げ、「公教育」の〝公〟の性質について追究してきました。当時は、新自由主義的な価値観が広がり競争による差別・選別が公然と社会のルールになっていく様子を子どもの姿にもとらえ、「ますます人々のつながりが分断される」「人々のつながりや助け合いに着目した新たな公共性が必要になる」という課題意識をもっての出発でした。また、教育基本法の「改正」によって「公教育」という概念自体がその在り様を変えてしまうことを問題視し、公共性の在り方を発信していくことも目的の一つとしていました。

２００６年度当時の本校の教育研究会基調提案では、以下のように整理しています。

教育の営みは社会共同の事業であるという公共的な性格を持っている。

これまでは、教育のとりくみの決定と実施権限は国家にあるとされていた。学習指導要領の法的拘束性や「日の丸・君が代」の強制などを見てもその性格がよくわかる。だから、国家的公共性ととらえてよいと思う。それが、学校教育の画一性と硬直性という弊害が生まれるとして、１９９０年代にその性格が、新自由主義的な教育理念として市場的公共性という意味合いを帯びてくる。そして、公教育事業全体を市場開放して、公教育の活性化を促そうとする。子どもたちの「学力」を少しでも上げようと塾の先生を講師として迎えその教育手法を先生たちが学ぶとりくみをしているところもあると聞く。また、片方では国家が戦略的に定めた目標と基準に沿って教育政策が行われる。それは、目標は、国が設定し、過程は、地方公共団体にゆだね、評価は、国がする、ということに現れている。

そこで、新しい教育の公共性について次のようにとらえたい。

教育は政治や経済の目的や道具に位置付けられるものではない。教育の権利を、みんなのものとしてとらえなおし、さらに発展させていく必要がある。研究テーマを「みんなの学校」としたのは、このような新しい教育の公共性の観点からである。

そして、「教育の公共性」について

- 「公的」＝国家の権力としてではなく、国民の権利の側からとらえる。
- 「共通」＝教育内容の中心をなす真理真実は万人に普遍的である。
- 「公開」＝単に情報を公開するだけでなく、参加にひらかれていること。

という3つの視点と、それを貫く概念として「共同」を掲げています。このことは、同年に発行された本校著書『自立する学び』（かもがわ出版、２００６）にも書かれています。「国民みんなが学校づくりをすすめることで、公共性を守り、作っていく」そのためには、それぞれ多様性を認め合いながら〈対話〉を積み重ねるしかないのです。互いに尊重し合いながら対等な立場で〈対話〉を積み重ね、学校づくりを進めていくことを、私たちは「民主的な学校づくり」と呼んでいます。

9 公教育の先に

時代を現在に戻しましょう。

２０２１年現在の状況として、よくエビデンス（主に数値で示された「証拠」）やアカウンタビリティ（「費用対効果」または「説明責任」と言われます）を学校に求められることがあります。しかし、これは一方的に要求している時点で「対等な〈対話〉」とは言えません。自分たちを学校づくりとは隔てたうえで上に置き、そこから管理・支配するという発想です。学校教育は「社会が共同でおこなう事業である」という公共的な性格をもっています。ですから、本来すべての人々はその担い手であるはずです。もちろん、私たち教員はその実質的な役割を任されていますから、広くその中身を発信していく責任と必要があります。けれども、そのコミュニケーションは「対等な〈対話〉」つまり「民主的な学校づくり」であるべきではないでしょうか。そうであることによって、学校づくりは「自分とは異なる価値観」に多様に開かれたものとなります。「対等な〈対話〉」とならなければ、上の立場の者の価値観が問い直されることも、それとは異なる価値観が生み出されることもありません。それでは、多様な価値観の存在する社会の中で「教育の公共性」を担保することはできません。

では、そのような「みんなの学校」をどのようにして実現していくか。その道はまだまだ半ばです。しかし、子どもも教員もおうちの人も地域の人々も、対等にその主体性を尊重しながら「学校づくり」に携わっていくことが、互いに尊重し合える社会の実現へとつながっていることを私たちは確信しています。「学校づくり」のつくり手となることは、社会のつくり手となることにつながっているのです。

また、私たちは本校（奈良教育大学付属小学校）のみで「みんなの学校」が完結するとも考えていません。多様な子どもがいる社会の中で、どの子にもひとしく、その能力に応じた教育を保障するためには、多様な教育が社会に存在し、人々がそれにアクセスできることが必要でしょう。本校は、入学時に選抜を行わず抽籤によって入学者を決めています。それは本校のとりくみが、公教育のモデルとなることを願ってのことです。しかし、社会全体が子どもだけでないすべての人間の多様性を尊重し、様々な価値観をもって「対等な〈対話〉」をすることを通して、発展していく。そのような方向を目指す中で、本当の意味での「みんなの学校」は発展していくのではないかと思います。

教育の目的は教育基本法に「教育は、人格の完成を目指し、平和で民主的な国家及び社会の形成者として必要な資質を備えた心身ともに健康な国民の育成を期して行われなければならない」と定められています。ここでいう「平和で民主的な国家及び社会」と学校は地続きです。一人ひとりが大事にされる学校は、一人ひとりが大事にされる社会につながっています。多様性を認め合う学校は、多様性を認め合う社会につながっています。逆に、誰かが誰かよりも高い立場に立って他者を抑圧しようとする学校は、権力に従順で弱者に非寛容な社会につながっています。私たちの教育活動は、私たちがどのような社会をつくりたいのかということとつながっています。

「よい教育条件」をつくるだけなら独善的な独裁者による上からの押し付けでもできるかもしれません。しかし、真に「よい教育」は、それに携わるみんなが主体性を発揮でき、公教育のみならず、その先にある社会をつくっていく、そのような流れの中でこそ実現されうるのではないかと思います。

冒頭、真に「よい教育」とは何によって決まるのでしょうかと問いました。本書には、私たち奈良教育大学付属小学校の教員集団が、その問いを追求する一過程を収めました。本著の発行が、真に「よい教育」を目指す〈対話〉への一助となることを願ってやみません。


（鈴木　啓史）

解説　ねがいを育て、深め、みんなでみんなの社会をつくる

神戸大学　川地　亜弥子

1　子どもが主人公

奈良教育大学のキャンパスを通って、小学校まで歩く。鹿も悠々と歩いている。私は学校が楽しみで、少し早足になる。玄関のすぐ横の事務室の箱に、たくさんの、ちょっと古い子どもの上靴が入れてある。子どもが忘れてきたときに、すぐ借りられるように置いてあるのだ。「自分のものは自分で持ってくる」、確かにそうしないと学校生活は「まわらない」ところもあるが、人間だもの、忘れることはある。他の学校では「忘れものは自己責任」「体操服を忘れてきたら体育に参加させない」という話をきいたりするが、この学校では、子どもが安心して学べるように、こうしたさりげない気遣いが当たり前にある。子どもが学ぶことそのものに集中できる心配りである。

奈良教育大学付属小学校は、一言でいえば、子どもが主人公の学校、子どものねがいを育てることを中心におく学校である。学校の主人公は子どもであるべきだ、ということについて、「それは違う」とい

う人は少数だろう。デューイが『学校と社会』（原著、1899）で、教育においては「子どもが太陽」「子どもが中心」（講談社学術文庫版、1998、96頁）と主張したのは、120年以上前である。日本でもデューイを中心とした進歩主義的な教育は早くから紹介され、実践もされてきた。その道のりは、教師ごと、学校ごとに異なり、教科書中心、受験中心ではない教育を求め、様々な挑戦が行われてきた（中野 2008、橋本・田中 2021、Yamasaki & Kuno 2017）。そうした努力の一方で、「実際に学校で子どもが主人公になり得ているか」と問われたとき、「そうだ」と言い切れる人はどのくらいいるだろうか。「そうは言っても現実には、今の競争社会で勝ち抜けるようにしなくては。そのためには、日本ではまず受験を勝ち抜かなくては」との思いにかられる人も少なくないだろう。本書の第1章に登場する、2年生の保護者の心配は、決して特殊なものではない。

本書は、教育が国内だけでなく世界規模の人材育成競争に巻き込まれ、大規模調査とその結果（OECD－PISA〈世界の生徒の習熟度調査〉はその象徴である）に翻弄される現代にあって、学校の本来の役割とは何かを問うている。そして、学校は子どもを主人公として、子ども・教師・保護者のねがいを育て、深める場所であり、そのことで社会の問題、矛盾に気づき、他者と共に変えていこうとする子どもを育てる場所であることを力強く主張している。

OECDのラーニング・コンパス2030は、個人や社会のウェルビーイングに向けた方向性を示すものとされ、人間のエージェンシー（「主体」と訳すこともできるが、日本語仮訳の注3では、学習指導要領の主体性よりも広い概念だと考えられることが記されている。https://www.oecd.org/education/2030-project/teaching-and-learning/learning/learning-compass-2030/OECD_LEARNING_

COMPASS_2030_Concept_note_Japanese.pdf、２０２１年9月15日確認）を重視しているのだが、それが「私」「私たち」抜きの外から与えられたよさの追求や、外から期待される主体としてのふるまいの要請へと転換されずに、まさに私たちのねがいからはじまるものとして貫徹できるのか。そのためには、私たちの本当のねがいは何なのかを共に追求する仲間が必要である。

この学校では、子どものねがい・思いが大事にされ、それに取り組む教師自身のねがいや思いも大事にされる。子どもと向き合う教師自身がどう指導するとよいか、うんと悩んで創造することが大事にされている。そうしなくては、ゆたかな教育実践は困難である（越野 ２０２０）。

しかし、これは今の時代に簡単なことではない。全国学力・学習状況調査（以下、全国学調と略記）のように、毎年、ある学年の子どもたちが全員受ける前提で制度設計されている大規模調査があり、その結果で一喜一憂させられる現実がある。ほとんど気にする必要のない点数の差であっても、都道府県別の平均点が報道されたりすると、普段は教育にあまり関心をもたない人ですら「うちの県は何位だ」と気になる。学校教育のよさは、全国学調で測りきることはできない（そもそも、この調査で扱っていない教科・領域の方が広いのである）、ということは、頭ではわかっていても、である。

ＧＩＧＡ（ギガ）スクール構想、ＳｔｕＤＸ（スタディーエックスと読む）…端末から膨大なデータを集め、分析することが可能な状況となった。たしかに教育改善に資する面もあるだろうが、その一方で、こうしたデータと調査の結果が結び付けられた場合、例えば「よい教育とは全国学調の結果がよくなるようなもの」と解釈され、「最適」な学び方が、その子の判断や教師の判断とは関係なく示される、ということが予想される。「最適」かどうかは、本来、本人がやってみるまでわからないことだ。しかし、効率的な理解と習得を目指す場合には、本人が決めるのではなく、膨大なこれまでのデータをもとに最適と思われる方法が示されることになるだろう。子どもの実感や、点数に簡単にあらわれにくいような、すったもんだの話し合い、そこで立ち上がる物語などが、軽視される恐れがある。そこにどう立ち向かっていくのか。本書は、多くの示唆を与えてくれる。

2 ねがいを深め、思いに気づく

この学校は、子ども一人ひとりを大事にする。子どもを、子ども本人の思いと切り離してデータ化するのではなく、子どもと共に、そのねがいを深め、思いに気づく、その過程そのものを大事にする。自分で受験を決めたりえさん（15頁）。「やめたい」けれど、もうお金もたくさん使ってもらったのだから「仕方がない」と語る。しかし教師と相談して、個人懇談で教師が保護者に話をすることになった。その後、りえさんが保護者と話をして、自分で「んじゃ受験せんとく」と声を出した。

りえさんは保護者と話した場面を書きながら、自分を見つめている。「やっぱり気づかないうちにしんどくなって、元気がなくなっていって」。「気づかないうちに」の言葉から、りえさん自身が、「仕方がない」と自分に言い聞かせて、しんどい気持ちに目を向けないようにしてきたことが感じられる。自分で決めたことをやりきる、という、そこだけ見れば「自分をコントロールする力がある」と言えるふるまいだが、教師はそのままにしなかった。本当にそうなのか、改めて思いを見つめる機会をつくった。りえさんの「やっぱり」の一言に、蓋をしてもしきれないしんどさ、そうなるような状況だったことを自分なりに振り返っていることがわかる。

本当にしんどいときには自分の柔らかい感性は奥にしまう、そうやってなんとか乗り切る、ということもあるだろう。しかし、納得できない気持ちのまま過ぎてしまい、それを後から思い出し、もっとしんどくなることがある。「しんどい」は近畿でよく使われる言葉で、体の疲労にも使うが、むしろ精神的な負担、圧迫感がある時に、身体感覚を伴って使うことばである。広辞苑には「心労」とも書かれている。しんどさを無視せず、流してしまわずに考えることは、はじまりが自分の希望だっただけに簡単なことではない。しかしこの学校では、そうしたことが可能になるていねいな働きかけがある。受験をしたかった自分の気持ちも本当のものだっただろう。しかしそこから変化して、今の気持ちと矛盾が生じていることを自分の言葉でとらえているのだ。

3　教科の系統性と子どもの実感

子どものねがいを中心におく、というと、教科の系統性が軽視されるのではないか、と心配になる人もいるだろう。この学校では、子どもの実感にねざしたわかることとできることが重視され、しかも、生活経験からだけでは到達できないような抽象的な理解が可能になる指導が行われている。それは、より早く正確にわかるように「個別最適」にしていく世界とは随分違う。「最適」という言葉が、あらかじめ外部に設定されたよさの基準をもとに、何かと何かを比べて、どちらがよいか、できているかがわかるような「適切さ」を求めることになるのなら、危険である。

できる・できないという枠組みから飛び出し、学びひたることを重視した中学校の国語教師大村はまは、98歳で亡くなる直前まで、自らの詩「優劣のかなたに」を推敲し続けたと言われる。小学生でも「できる・できない」を気にせざるを得ない現代の日本において、「優劣のかなた」の世界を実現することは簡単なことではない。しかし、この学校の教師が目指しているのは、単純なできる・できないの世界ではなく、思いっきり考える時間と空間の中で、仲間と共に思わず心と体が動き出す文化との出会いの中で成立する学びの世界である。誰かに与えられる「最適」や、みんなで見栄えのする何かをつくるための「協働」ではない、そこにいて共に学ぶことそのものが学校の生活を進めていくという、民主主義の学校の姿がここにある。

日本の学校の授業は「一律・一斉・一方向」（経済産業省「未来の教室」とＥｄＴｅｃｈ研究会第２次提言、https://www.meti.go.jp/shingikai/mono_info_service/mirai_kyoshitsu/pdf/20190625_report.pdf ２０２１年9月15日確認）とされ、克服すべきことと位置づけられている。しかしながら、教師が学級の全員に同じことを問いかけても、同じ課題を示しても、子どもの思考も発言も行動も、同じではない。それは、多くの教師が経験していることである。授業で同じことを問うことが問題なのではなく、子ども一人ひとりの考えをとらえようとせずに、教師があらかじめ予想していた都合のよい発言だけで授業を「流す」ことが問題なのである。

子どもの「どうしてそんな突飛なことを?」と思うような発言内容から授業を深めたり、無言の子どもたちの思考をノートやワークシートで後から理解したり、ということは、子どもの思いやねがいに心を寄せる教師たちが、長く行ってきた。そうした中で、子どもたち自身も、みんなが言っていることと、自分の理解が違うときなどに「ええっ」「違う!」と、声に出したり、時には黙り込んで考えたりしていく。教師はそこに、時にはリズムよく、時には他の子どもにもちょっと立ちどまって考えることを促すような言葉かけをしていく。

2年生の鉄棒で、「力をぬいて、ばんざいしてゆれたらできたから、うれしかったです」（44頁）の一言から、子どものわかり方をつかむ。低学年の子どもにとって、思いっきり揺らしたいのに、力をぬく、ということは、実感を伴ってわかるまで、簡単なことではない。

5年生のゆかさんは「なんかだんだん『とける』ってどんなことかわからんくなってきた」（85頁）と、今までの自分のとらえ方では、確かめた結果がうまく説明できないことに気づいた。授業の5時間目も、「溶けて見えない（消えた）のに水がなくなれば塩が残るのか不思議。塩は溶けてないのかな」と書いていた。溶けるとは消えること、を前提にした考えである。それが6・7時間目を経て、「とけたのに本当は水の中にいて…消えて水と一緒になったのにおかしい」と、溶けることは消えることではなく水の中にある（ゆかさんの言葉では「いる」）こととの間で揺れている。溶けることは消えること、というとらえ方では、食塩水から水を蒸発させた後に食塩が出てくることを説明できない、どう考えればいいのだ、と悩んでいるのだ。自分が強固にもっている考え方を揺さぶられているのである。これを教師は「学習を積み上げることによって、目に見えない物が思考の中で立ち上がっているようにも思えます」（86頁）と表現している。

多くの場合、子どものこれまでのとらえ方（素朴概念、ル・バーと言うこともある）は、生活経験をくぐった実感にねざしたもので、変えることがとても難しい。だからこそ、授業の積み重ねの中で自らつかむことが重要になる。「溶解したら見えなくなる」「食塩水の重さは、混ぜる前の水の重さと食塩の重さを足したものと同じ」と覚えて答えることとは、全く違う学びがここにはある。こうした「子どもの実感を伴った発見・気づき」を大事にするからこそ、教師も「空気も物のようだと気づかせることが重点であり、空気がわかることが目標ではありません」（90頁）と書けるのだし、それをふまえた小学校6年間の系統の追求へとつながっていく。

各教科、各領域における系統性は、子どもの日々の具体的な学びの姿をぐぐって構想されている。例えば算数科で学習内容の質の変化を「手に持つことのできる算数」「手に持てない算数」（53頁）と表現していることは、日々子どもを目の前にして、どのように子どもたちがわかっていくのかをつかもうとしているからこそ出てくるものであろう。

4　教科外教育で子どもの自治を育てる

教科外教育も、子どもが納得して決める、やってみることを重視している。教科外教育について言えば、「特活」として掃除や給食をみんなで協力して整然と行っているという行動そのものに注目があつまっているが、この学校では結果よりもそのプロセスを大事にしている。

「やってみて、わかっていく」（93頁）こと。それは、「やっぱり大人の言った通りでしょう」と子どもを服従させることとは真逆のものである。やってみてわかる、そのプロセスそのものに価値をおくのである。だからこそ、話し合いでもめるし、その内容にも文句が出る。5年生の体育大会の種目決めで、リレー派の子どもたちが、話し合いのときはリレー派が圧倒的だったのに大縄と僅差でリレーに決まり、納得がいかないというエピソードは、そのことをよく表している。リレーに決まればよいのではない。なぜ「大縄がいい」という意見も「リレーに反対」という意見もほとんど出なかったのかを問題にしたのである。

率直に意見が言いやすい低学年に比べ、中学年以降はなかなか意見が出しにくい。「意見を出して」というだけでは出てこない。どうすれば意見が出しやすいのか、みんなの思いを出していけるのかについても様々なやりとりがあったことだろう。自分一人でもいいのかなぁ、私が言えば変わっていたのかなぁ、と後悔した（107頁）という思いを、率直に書いていることは、意見を言うことの難しさと、しかしその後悔を表現できる関係の中で、子どもたちが育っていくことに気づかせてくれる。

それは、大人の世界で採用されている手続きを学ばせ、わからせ、体験するという方法ではなく、自分たちで「どうすることがよりよいのか」を模索し、ことばにし、やってみるという試行錯誤の過程そのものを大事にする指導である。

その基礎にあることが、自分のやりたいことを自分で決めて、やってみることだ。それは低学年の係活動にもあらわれている。その経験の積み重ねの中で、思うようにいかないことにも自分たちの力で向き合っていくのだ。学年を超えた取り組みでは、高学年の子どもたちが「まとめるってめっちゃ難しい」と実感しながら「ちょっとやってよかった」「次はちょっとまとめたい」と振り返っている（104頁）。

もう一つ重要なことは、子ども集団だけの自由な時間（休み時間）と、教師が意図して課題を設定する特別活動（行事や児童会活動など）の両方が重要だと述べられていることである。現代の学校では、子どもが自由に使えるはずの休み時間を教師が意図した課題でどんどん減らしていくことが、「体力づくり」「学力向上」の名のもとに行われることもあるが、これは休む権利、余暇を楽しむ権利の観点からも、その中での子どもの育ちの重要性の観点からも、危険である。他の学校でも、自由な休み時間の重要性がもっと語られるべきである。一人一台端末の配布が、子どもの家での自由時間を侵食することにすら無頓着（むしろ推奨される）状況の中で、子どもが自分らしくいられる時間をしっかりと保障していくべきである。

5　安心してねがいを語り、学び、発達する場所を——子どもも育ち、教師も育つ

この学校には、学習室（通級指導教室）と特別支援学級がある。繰り返しになるが、子どもたちが主人公になるための学校づくりを考えるとき、その子にとってできるだけ安心していられる場所で学ぶことは重要である。学習室も特別支援学級もない学校は、「すべての子どもが共に学ぶ」ことを実現しているように見えるが、同じ場所にいることにこだわるあまり、一人ひとりの子どもたちの学びや、子ども同士の学び合いの内容が貧困になることがある。共に学ぶということは、同じ場所にいれば実現するほど単純ではない。その子にとって実感と納得のある学びの場、言い換えれば、その子自身がじっくり学び、自分のねがいを深め、思いを出せるようにしようと考えるとき、むしろ少人数で、安心できる関係の中でじっくり学べる指導と場を保障することが重要になる。「キレ」やすいとか、ずっとおとなしくしていると思われていた子どもが、そうした場で初めて、自分の表現で仲間に思いを伝え、他の子どもとお互いに学びを深めるということがあるのだ。

本書では、子どもの絵やことばなどが、そのときの子どもの姿と共に、ふんだんに掲載されている。その一つひとつを味わい深められることで、私たちも教師と共に喜び驚きながらその子のそばにいるような気持ちになれ、本書の魅力を一層増している。本書を読むと、この学校の子どもたちに会いたくな

り、自分の身近にいる子どもたちともていねいに向き合いたい気持ちになる。

この学校の特徴の一つとして、実践の土台に一人ひとりの子どもの発達をおき、その子のねがいをより深くとらえて指導する点が挙げられる。この学校の発達観は、子どもが一人で何かをできるようになっていく、という単純なものではない。発達とは、私なりに表現するならば、子ども自身がねがいをもち、夢中になったり、うまくいかなくてもがいたりしながら他者や世界に働きかけ、そうしながら時には少しずつ静かに、時にはダイナミックに子どもが変わっていくことである。発達の理論が子どもの働きかけ方やとらえ方をていねいに眼差し、そこに他者が働きかけていくためのめがねとして位置づいている。子どもに寄り添うセンスももちろん大事だが、それに解消してしまわず、発達の節ならではの子どもの揺れをていねいにとらえ、その節を生きる子どもたちの「できなさ」への敏感さをとらえている。子どものいわゆる「問題行動」や「わからなさ」を、困ったもの、よくないものと見るのではなく、そこからこそわかることがあること、その姿を中心に置いて「なぜ」を考えるのである。その場で気づくこともあるが、複数の教師で放課後ゆっくりしているときに気づくことも、何か月もたってからわかることもある、という記述は、重要である。長期のスパンで考えるからこそ、見える、わかってくる子どもの姿があるのだ。こうした時間の感覚は、長期で子どもを育てる発想を可能にするだけでなく、教師自身が時間をかけて気づき、育っていくことを可能にする。

6　みんなでみんなの社会をつくる

この学校は、ユニークな取り組みを通じて、しかし、この学校に閉じない、人を大事にするゆたかな教育、ゆたかな社会づくりを目指している。もちろんそれは簡単ではない。子ども自身も、「平和になってほしい」は簡単に言える言葉じゃないと気づいていく（109頁）。しかしその重さに打ちひしがれるのではなく、ではどうしたらいいかを考えるのである。子どもと教師がねがいを学校で確かなものにし、学校の外の社会に広がるものにしていくのである。

こうしないと勝ち抜けない、生き抜けないぞという脅しに対して、「いいえ、社会をつくるのは私たちなのです。私たちみんなで、もっとよい社会にしていくのです」という、静かだけれど力強いメッセージが伝わってくる。教育の公共性とは何か、共同とは何かを深めてきたこれまでの蓄積と、現在の教師のしなやかな実践が、社会の変化、教育政策の変化の中で、みんなで、みんなの学校をつくるとは、みんなの社会をつくるとはどういうことか、そのための教育とはどのようなものかを考える、確かな足場を提供してくれている。

【参考文献】

大村はま『大村はま国語教室』全15巻　別巻1　筑摩書房　1982〜85

川地亜弥子「ねがいひろがる教育実践」『みんなのねがい』2021年4月〜2022年3月連載

越野和之『子どもに文化を　教師にあこがれと自由を』全障研出版部　2019

中野光『学校改革の史的原像―「大正自由教育」の系譜をたどって』黎明書房　2008

橋本美保・田中智志編著『大正新教育の実践』東信堂　2021

Yamasaki, Y. and Kuno, H. (eds.), *Educational progressivism, cultural encounters and reform in Japan*, Oxon: Routledge, 2017.

|編　者|
奈良教育大学付属小学校（ならきょういくだいがくふぞくしょうがっこう）
〒630-8528　奈良市高畑町　　電話：0742-27-9281

|解　説|
川地亜弥子（かわじあやこ）
福井県大野市生まれ。神戸大学大学院人間発達環境学研究科准教授

|奈良教育大学付属小学校　2020・2021 教育研究同人|

池上　祐樹	池添　梨花	池田　　翼	猪澤由起子	石川　元美
石髙　一樹	磯田　由香	井上　寛崇	井上　龍一	今井　勇人
入澤　佳菜	上田　光枝	上田　茉琴	大宅　香織	大谷　陽子
大野　晶子	奥畑　恵里	小野　はぎ	加川　陽子	勝原　　崇
金子　由依	北村　直子	木花みどり	草川雄太郎	久保　　智
小城　篤子	今　　正秀	阪口　美香	眞田　理世	末長　詩織
鈴木　啓史	鈴木　晴香	竹田　昂平	多田　桃子	辰巳　宗平
谷田　翔吾	中尾　　鈴	菱井　一宏	平口　俊貴	平野　江美
松田　優衣	松本　哲志	水谷　礼佳	森岡　優菜	森本　寿子
梁川　華子	山村　　学	山室　光生	吉川　奈緒	

＊奈良教育大学付属小学校では、毎年秋（11 月）に公開研究会を開催しています。

みんなのねがいでつくる学校

2021年11月30日　　初版発行

編　者　©奈良教育大学付属小学校
発行者　田島 英二
発行所　株式会社 クリエイツかもがわ
〒601-8382　京都市南区吉祥院石原上川原町21
電話 075(661)5741　FAX 075(693)6605
https://www.creates-k.co.jp
郵便振替　00990-7-150584
印刷所　モリモト印刷株式会社

ISBN978-4-86342-319-0 C0037　　printed in japan
日本音楽著作権協会（出）許諾第 2108445-101 号

奈良教育大学付属小学校の著書

自立する学び

まるごとの子どもたちと向き合う——

子どもたちが見通しをもって生きるために必要な学力を身につけるには。小１から小６、障害児学級の授業を通して学校の役割を問う。

もくじ

第１章　１年・国語の授業　つながりをつくる　ことば
第２章　２年・国語の授業　がまんくんとかえるくんとこどもたち
第３章　３～４年・社会科の授業　動物も戦争が苦しかったんだな
第４章　４年・理科の授業　はじめて学ぶ物質の基礎概念
第５章　５年・体育の授業　みんなが楽しめるバスケットボール
第６章　６年・算数の授業　正比例って、奥が深いなあ
第７章　障害児学級の実践　みんなでつくる『トレロカモミロ』のうた
第８章　「自立する学び」をもとめて　みんなの学校

A5 判 208 頁
1980 円
かもがわ出版発行

クリエイツかもがわ　好評既刊

自閉症児·発達障害児の教育目標·教育評価1 **子どもの「ねがい」と授業づくり**

三木裕和、越野和之、障害児教育の教育目標・教育評価研究会／編著

障害のある子どもの授業づくり。仲間の中で、文化にふれて、子どものねがいはあふれ出す。そのエネルギーをどうとらえる。　1540円

自閉症児·発達障害児の教育目標·教育評価2 **「行動障害」の共感的理解と教育**

三木裕和、越野和之、障害児教育の教育目標・教育評価研究会／編著

「行動障害」のある子どもの理解に迫る。激しい行動の内側で子どもが本当に伝えたいことは何か。その、目に見えないところをわかりたい。　1540円

実践、楽しんでますか？　発達保障からみた障害児者のライフステージ

全国障害者問題研究会兵庫支部　木下孝司・川地亜弥子・赤木和重・河南 勝／編著

実践に共通するキーワードは「楽しい」「仲間」「集団」。発達保障をテーマにした、乳幼児期、学齢期、青年・成人期、3つのライフステージでの実践報告と、3人の神戸大学の研究者の解説＆講演、座談会。　2200円

ユーモア的即興から生まれる表現の創発　発達障害·新喜劇·ノリツッコミ

赤木和重／編著　砂川一茂×岡崎香奈、村上公也×麻生 武、茂呂雄二

ユーモアにつつまれた即興活動のなかで、障害のある子どもたちは、新しい自分に出会い、発達していきます。「新喜劇」や「ノリツッコミ」など特別支援教育とは一見関係なさそうな活動を通して、特別支援教育の未来を楽しく考える1冊。【「新喜劇」などの活動を収めたDVD付】　2640円